러브 마이셀프,
나를 사랑하면 달라지는 것

멜라니 피그니터 지음 | 임정희 옮김

러브 마이셀프, 나를 사랑하면 달라지는 것

2022년 2월 1일 초판 1쇄 펴냄

지은이 • 멜라니 피그니터
옮긴이 • 임정희
표지 디자인 • 정진아
펴낸곳 • 도서출판 일므디
전자우편 • Ilmeditbook@gmail.com

ISBN 979-11-970317-9-3 03190

값 16,000원

Published originally under the title:
Honigperlen by Melanie Pignitter,
ISBN 978-3-8338-7202-0, © GRÄFE UND UNZER VERLAG GMBH, 2019

Korean translation copyright: © 2022 by Il me dit

이 책의 한국어판 저작권은 도서출판 일므디에 있습니다.
저작권법에 의해 한국 내에서 보호를 받는 저작물이므로 무단 전재와 무단 복제를 금합니다.

LOVE MYSELF

러브 마이셀프,
나를 사랑하면
달라지는 것 ♥

멜라니 피그니터 지음 | 임정희 옮김

· 프롤로그 ·
모든 문제에는 선물이 숨겨져 있다

쾅. 큰 소리와 함께 차가 덜커덩거렸다. 방금 전속력으로 달려오던 벤츠가 새로 산 나의 차를 들이받은 것이다. 벤츠 운전자는 주차장을 빠져나오면서 흰색의 아담한 내 차를 보지 못했다. 나는 비명을 지르거나 숨을 가쁘게 내쉬며 흥분해야 했지만 그러지 않았다. 대신 기대감에 찬 눈으로 조수석에 앉은 친구 마리나를 쳐다보았다. 마리나도 눈을 반짝이며 활짝 미소 지었다. 그러다가 우리는 갑자기 깔깔대고 웃었다. 기쁨의 표현이었다.

"괜찮으세요?"

벤츠 운전자가 미안해하며 말했다.

"정말 죄송합니다. 당신 차를 못 봤어요. 맙소사! 새 차 같은데, 이걸 어떡하죠!"

운전자는 차에서 내린 우리를 보더니, 갑자기 말을 멈췄다. 그리고 기대감으로 환한 우리 얼굴을 보자 그의 눈길이 이상한 사람을 보는 듯이 변했다. 운전자는 미안한 빛이 역력히 줄어든 모습으로 물었다.

"술 마셨어요?"

나는 사실대로 말했다.

"아니요."

"근데 왜 차가 망가졌는데도 기분이 좋은 것처럼 보이죠?"

당시 나는 교통사고라는 큰일보다 그것이 가져올 삶의 선물이 더 기대되기 때문이라고 설명하지 않았다. 그러나 이 책에서는 밝히고자 한다. 당시 이상한 두 여자는 아주 멋진 일을 기대하고 있었다는 사실을.

어릴 때부터 나와 마리나에게는 공통점이 있었다. 삶을 더 많이 경험하고 싶어 했다는 것이다. 우리는 커다란 행복, 감동적인 사랑, 진정한 성공, 삶의 기쁨을 찾아다녔다. 강연, 책, 모험담, 그리고 성공적인 인생을 살 수 있도록 영감을 주는 사람들이 우리를 이끌어 주었다. 이를 통해 무슨 일이든 긍정적으로 받아들이는 법을 배웠다. 우리는 매일 긍정적인 문장들을 중얼거리며 자기 암시를 했다. 그중에서 가장 많이 되뇌었던 문장은 이것이다.

"모든 일은 나에게 가장 좋은 방법으로 이루어진다."

어느새 우리는 모든 위기, 교통사고 같은 불행한 사건 뒤에는 삶의 선물이 숨겨져 있다고 믿게 되었다. 불행에도 좋은 면이 있을 거라고 확신하게 된 것이다.

나중에는 그게 말처럼 쉽지만은 않다고 인정해야 했다. 하지만 교통사고 건은 그 말대로 되었다. 벤츠 운전자에게 자동차 수리비를 받았을 뿐만 아니라 그 사람을 통해 꿈꿔 왔던 직업도 찾을 수 있었다.

그러나 점점 시간이 지나면서 한때 내가 인생과 인생이 지닌 문제점들을 얼마나 의미 있게 여겼는지 잊고 살

앉다. 그러다 고통스러운 질병의 모습으로 찾아온 인생의 가장 큰 위기를 맞고서야 다시 깨달았다. '모든 문제 뒤에는 소중한 선물이 숨겨져 있다.'라는 사실을. 삶의 선물은 조심스럽고 소중하게 여는 법을 알아야만 주어진다.

이제 이 삶의 선물이 무엇이며, 그것이 얼마나 우리를 행복하게 해 주는지, 이 선물은 어떻게 받을 수 있는지 들려주고자 한다.

차례

프롤로그 모든 문제에는 선물이 숨겨져 있다   5

1장 나쁜 일에도 좋은 면이 있다
- 인생 최악의 순간에 얻은 것   15
- 행복을 방해하는 것과는 작별하기   24

2장 불가능한 일을 극복하는 힘
- 생각의 한계를 허물어야 하는 이유   35
- 자신이 부족하다는 느낌이 들 때   45
- 날마다 나를 더 사랑하고 받아들이기   58

3장 영혼의 흉터를 치유하는 일

- 과거의 상처가 보내는 신호 71
- 취약점에는 메시지가 있다 81
- 내면의 어린아이가 여전히 울고 있을 때 92

4장 막다른 길에서 벗어나는 방법

- 출구가 없어 보이는 곳에서 101
- 습관의 함정 104
- 원하는 것을 이루지 못할 때 112
- 기대감이 충족되지 않으면 살펴볼 것 120

5장 위기는 누구에게나 찾아온다

- 인생의 위기가 주는 선물 — 131
- 이별과 이혼이 남기는 것 — 136
- 실패가 성공을 만드는 이유 — 148
- 금전 문제에서 위기를 겪을 때 — 159
- 외로움의 다양한 측면 — 175
- 호의가 응답받지 못할 때 — 184
- 낭만의 회복이 필요한 순간 — 190
- 우리 몸에 영향을 주는 마음가짐 — 199
- 열정은 삶에 의미를 부여한다 — 213

6장 삶이 생각보다 달콤한 이유

- 예기치 못한 행복의 순간   223
- 자기 인생과 사랑에 빠지는 법   226
- 감사의 힘을 아는 사람   236
- 자유롭게 꿈꿀 때 일상이 특별해진다   242

에필로그 나를 기억해 주세요!   251
감사의 말   253

♥
LOVE MYSELF

1장

나쁜 일에도 좋은 면이 있다

"

불행이 찾아와서 힘든가요?

우리 삶에 찾아오는 모든 일이 선물이 될 거예요.

"

인생 최악의 순간에 얻은 것

　모든 문제에는 선물이 숨겨져 있다. 이 원리를 입증하기 위해 내 인생에서 가장 암울했던 시간, 달리 표현하자면 지금까지 살면서 받은 것 중에 가장 큰 선물을 소개하려고 한다.

　수많은 의사와 대체 의학자들도 내 만성 질병의 병명과 치료법을 몰랐다. 처음 병이 생긴 날이 어렴풋이 기억난다. 사실 이날의 기억은 내 의식 속에 깊이 자리잡고 있다. 그 후 나는 절망과 죽음의 공포, 그리고 자포자기한 심정을 일기장에 담았다. 얼마나 극복하기 힘든 경험이었는지 당시 일기를 통해 나누고자 한다.

2016년 1월 22일

더는 견딜 수가 없다! 벌써 201일째 통증에 시달리고 있다. 어제는 의사가 이렇게 충고했다.

"통증을 의식하지 않으려고 노력해 보세요."

도대체 어떻게 하라는 말일까? 매일 24시간을 편두통에 시달린다. 때로는 극심한 통증 때문에 구토도 한다. 매일 절망이 엄습해 오면서 울부짖다 보면 온몸에 경련이 일어난다. 이제는 눈물까지 말라 버렸다.

어떤 것에도 집중하거나 즐길 수가 없고, 명쾌한 생각도 하지 못하며 기쁨도 느끼지 못한다. 친구를 만나거나 일하지도 못한다. 요리를 하거나 운동을 하는 가장 일상적인 일조차 할 수가 없다.

나는 폐인이다. 삶이 없는 통증 덩어리다. 통증 때문에 내가 한때 어떤 사람이었는지도 잊고 말았다. 나는 삶을 즐기고 열정적이고, 사랑이 넘치는 사람이었는데……

2016년 2월 25일

매일 인생 최악의 순간을 맞이하는 느낌이다. 1년 전 쾌

활했던 내 모습은 기억에서 사라지고 없다. 마치 병을 앓기 전의 30년이라는 세월이 없었던 것 같다. 그 시절을 몇 시간이라도 경험할 수만 있다면 무엇이든 내줄 의향이 있다.

한 번만이라도 고통 없이 여동생과 포도주를 마시고, 배우자와 포옹하고, 조카와 함께 놀고, 직장에 가고, 바다를 보고, 잠이 들고 싶다. 그럴 수 있다면 뭐든 줄 수 있다! 전부.

2016년 3월 13일

오늘 다시 어느 개인 병원에 갔다. 도움이 될지도 모른다는 희망이 얼마나 컸던지 위협적인 두통에도 불구하고 일찌감치 어둑어둑한 침실을 나와 예쁘게 차려입고 립스틱까지 발랐다. 대기실에서 기다리는 동안, 갑자기 의사를 만나봐야 아무 소용이 없을지도 모른다는 생각이 들어 공황 발작을 일으킬 뻔했다.

7분 후, 바닥이 없는 시커먼 구멍으로 다시 떨어지게 되었다. 내 얼굴은 눈물로 뒤범벅이 되었다. 신경과 분야에서 대가로 인정받는 의사는 나를 치료할 방법이 없고 수술은 절대 안 된다고 했다. 수술 후에 더 나빠질 위험이 너무 크기 때문이란다. 제기랄! 더 나빠질 게 있기는 한가?

2016년 5월 9일

302일째다. 곧 끝나겠지. 이만큼 했으니 더 오래가지는 않을 거야. 이제 자연 요법 치료사, 동종 요법 의사, 기적 요법을 행하는 의사들을 찾아다니지 못한다. 통장이 바닥을 드러냈기 때문이다. 그래도 괜찮다. 사실 희망은 이미 오래전에 포기했으니까. 요즘에는 죽음에 대한 두려움까지 싹트고 있다. 나는 매일 고통으로 비명을 지른다. 힘이 없다 보니 때로는 소리 없는 비명이 나온다. 마치 계속 두들겨 맞는 기분이다. 점점 불안감이 나지막이 속삭여 댄다.

"이 고통을 견딜 수 있는 사람은 없어. 너는 곧 포기하게 될 거야."

꿀방울, 삶이 내게 준 선물

나의 이야기는 여기서 그치지 않고 계속된다. 2016년

5월, 나는 심리 상담 교육 과정을 마치기 위해 온 힘을 기울였다. 졸업 논문 제목은 〈잦아드는 통증 — 만성 통증의 완화와 치유를 위한 정신적 방법〉이다. 교육에 몰두하다 보니 내 안에 있던 자기애의 힘과 긍정 심리학에 대한 지식이 되살아났다. 나는 이미 몇 년 전에 이 분야에서 몇 가지 교육을 이수하기도 했다. 덕분에 나는 통증을 극복하는 나만의 정신적인 방법을 만들어 냈고 날마다 이를 적용했다. 몇 달이 지나자 실제로 통증이 잦아들었다. 아주 가끔은 웃을 수도 있었다. 그러나 완전히 통증에서 벗어날 수는 없었다. 삶의 기쁨은 여전히 저 멀리 있었다.

어느 날 아침, 나는 신문을 넘겨 보다가 흥미로운 기사를 발견했다. 유방암에 걸린 26세 모델에 관한 내용이었다. 기사 제목에 잠시 난 숨이 멎었다. '유방암은 삶이 내게 준 선물'이라는 제목이었다. 이 인터뷰에 나온 젊은 여성은 2년 동안 암과 싸워 마침내 이겨 냈지만 오른쪽 가슴을 잃었다고 밝혔다. 그러나 운명이 준 시련을 길잡이 삼아서, 외적 상처나 흉터로 고통받는 사람들이 스스로 아름답고 소중하다고 느낄 수 있도록 동기를 부여했다.

그 후 몇 주 동안 나는 인터넷에서 이런 종류의 기사를 검색해 보았다. 세상 곳곳에는 불행과 시련으로 고통받으면서도 결국 그것이 선물이었음을 깨달은 사람들이 많았다. 그러다가 이 가혹한 고통이 내게 어떤 선물을 가져다줄지 궁금해하는 나 자신을 보며 놀랐다. 고통이 선물, 길잡이, 수호자일지 모른다는 생각만으로도 내게는 삶의 용기와 희망이 생겼다.

그 일이 일어난 건 2016년 8월 29일, 아침 식사를 준비하던 중이었다. 그날따라 남은 시리얼이 없어서 버터, 빵, 그리고 꿀로 식탁을 차렸다. 콧노래를 흥얼거리며 빵에 꿀을 발랐다. 그때 꿀이 몇 방울 식탁에 떨어졌다. 나는 행주를 들고 얼른 그 흔적을 닦아 버리려 했다. 그러나 그때 갑자기 내 눈에 무엇인가가 들어왔다. 매혹적일 만큼 아름다운 꿀방울이었! 이 꿀방울들은 나의 부주의, 위기, 불행이 큰 선물일 수 있음을 보여 주는 증거였다. 자세히 들여다보고, 귀를 기울이고, 표징을 알아차리려고 애쓴다면 말이다.

이날부터 나는 글을 쓰기 시작했고, 그 후로 한 번도 그만두지 않았다. '꿀방울'이라는 제목으로 만든 블로그에서 일상, 위기, 사랑, 직업, 가족, 그리고 인생에 관한 모든 것을 공유하고 있다. 내 블로그의 방문자 수는 4백만 명을 넘어섰다. 내게 주어진 위기의 첫 선물은 이 블로그인 셈이다. 그 후로도 많은 선물이 이어졌고, 그중 하나가 이 책이다. 나는 어릴 때부터 작가를 꿈꾸었다. 이제는 나의 지식을 강연과 모임을 통해서도 나눌 수 있다. 나를 이렇게 큰 기쁨, 자부심, 열정으로 채워 줄 사명이 있으리라고는 생각지도 못했다. 내가 앓던 질병이 강한 정신력으로 살아가는 방법을 알리는 참된 사명과 글쓰기라는 위대한 열정으로 나를 이끈 셈이다.

내 삶을 빛나게 해 주는 것

위기가 내게 선사한 가장 큰 선물은 건강 회복이다.

수많은 의사가 앞으로 통증 없이 지내기 힘들 거라고 말했지만, 기적이 일어났다. 요즘도 가끔 두통에 시달리긴 하지만, 이제 통증은 고통스러운 동반자가 아니라 정신 건강을 유지하게 해 주는 친구다. 통증이 내 인생에 찾아온 것은 그저 소명을 일깨우기 위해서만은 아니었다. 통증은 몇 년 전부터 내 영혼을 괴롭혔던 온갖 쓰레기에서 나를 구해 주었다. 덕분에 나의 단점과 더불어 발가벗겨진 깊은 내면의 존재를 마주하게 되었다.

이런 심오한 경험은 나를 많은 분야에 눈뜨게 했다. 요즘 나는 다시 원래의 내 모습을 찾았지만, 병을 얻기 전과는 다르게 살고 있다. 더 친절하면서 열정적이고, 더 사려 깊고 솔직하며, 더 진중하면서도 직감적이고, 더 침착하고 자발적이며, 더 자의식을 갖고 편안하면서도 과감해졌다.

내 삶을 빛나게 해 준 건 단 한 가지 문제가 아니었다. 내게도 여러분처럼 당연히 많은 문제가 있다. 그래도 괜찮다. 나는 꿀방울 원리가 삶의 어떤 영역에도 적용할 수 있다고 확신한다. 이 책을 쓰기 위해 여러 가지 문제,

위기, 재앙, 악순환, 곤경, 질병, 인생의 걸림돌 등을 모아 보았다. 대개 한번쯤 겪어 보았을 만한 일들이다. 나는 여러분이 이 문제들이 담긴 상자를 열어 보도록 영감을 주고자 한다. 눈으로 문제를 확인해야만 인생이 어떤 길이나 메시지 또는 삶의 선물을 가져다줄지 묻고 파악할 수 있기 때문이다. 그러다 보면 지금까지 생각한 것보다 인생이 훨씬 더 달콤하다는 걸 알고 놀랄 것이다.

나쁜 일 속에서 좋은 일을 찾아내고, 그늘 속에서 한 줄기 햇살을 찾아내고, 손해 속에서 이익을 찾아내고, 추함 속에서 아름다움을 찾아내면서 문제가 안겨 주는 선물과 인생의 꿀방울을 찾아내 보자!

행복을 방해하는 것과는 작별하기

지금까지는 여러 문제와 위기, 재난과 같은 상황들이 우리가 행복해지는 걸 방해해 왔다. 이제 시련의 씁쓸한 뒷맛과는 작별하고, 인생을 달콤하게 해 줄 수많은 꿀방울들을 만들어 보자.

이 책에서 소개하는 꿀방울 여정은 영감을 주는 자유로운 여행이다. 순서대로 읽는 게 좋지만, 자신의 직관을 믿고 가장 끌리는 장부터 읽어도 좋다.

매 장마다 다양한 주제를 다룬 'LOVE MYSELF TIP'을 소개한다. 일상에서 언제나 적용할 수 있어 자신의 소망을 이루고 통찰력을 얻는 데 도움을 주는 방법이다.

자기만큼 자신을 잘 아는 사람은 없다. 그래서 만족스러운 인생을 살아가는 데 필요한 모든 해답과 해결책도 이미 자신에게 있다. 나는 꿀방울을 찾는 여행에 필요한 장비를 소개할 뿐이다. 이 여정의 주인공은 여러분 자신이기 때문에 각자 맞는 방법을 선택해야 한다.

이 책과 함께 떠나는 꿀방울 여정은 편히 기대앉아 대충 훑어보는 소풍 같은 것이 아니다. 자신과 인생에 놀라운 일들을 가득 발견하는 모험에 가깝다.

기쁨으로 가득한 인생을 살려면 좋은 생각과 지식을 쌓는 것만으로는 힘들다. 행동을 해야 한다. 여기서 말하는 모든 조언을 다 실행에 옮길 필요는 없지만, 이 책을 읽으면서 생기는 자신의 직관을 믿고 실천하는 게 중요하다.

여정에 대한 신뢰

인생에서 일어나는 문제들이 정말 선물인지 의심스

러울 때 다음 이야기가 신뢰를 줄 것이다.

옛날에 왕의 자랑이었던 공주가 있었다. 공주는 늘 최고의 대접을 받았다. 왕은 공주에게 어떤 문제도 생기지 않도록 세심하게 보살폈다.

왕궁에는 공주를 전담하는 팀이 있어 공주에게 어떤 문제나 위기가 닥칠 것 같으면 일찌감치 발견해서 해결했다. 공주는 어려움을 겪지 않고 살았고, 원하는 것은 말하기도 전에 이미 주변에서 알아챘다.

어느 날 공주가 어떤 여행자를 만나게 되었다. 여행자가 말했다.

"안녕하세요, 공주님. 아무 근심 걱정 없이 사니 정말 행복하시겠어요."

공주는 여행자를 유심히 보더니 솔직하게 대답했다.

"네, 당신 말이 맞아요. 그렇게 보일 거예요. 하지만 근심 걱정 없는 인생은 생명체가 살지 않는 바다에 사는 것이나 마찬가지예요. 내 인생에는 위험이 없지만, 모험이나 도전도 없어요. 장애물을 스스로 극복한 경험이 없어서 그런지 자신감도 없고요. 문제를 해결하려고 노력해 본 적이 없어서 자부심도 느껴 보지 못했어요. 위기가 없으니 인생을 근본적으로 변화시킬 필요성도 없었죠. 감사하는 마음도 가져 보지 못했어요. 안 좋은 경험이 없었으니 감사해야 할 일도 없었거든요. 소망이 이뤄져 행복한 눈물을 흘려 본 적도 없어요. 갈망을 느껴 본 적이 없으니까요. 한 번도……."

여행자가 공주의 말에 끼어들었다.

"그렇다면 공주님에게는 문제가 있는 겁니다."

그 말에 행복한 눈물을 흘리며 공주가 말했다.

"내게 문제가 있다니 정말 기뻐요!"

아홉 살 무렵, 난 인생에서 처음으로 자기 회의에 빠졌다. 당시 나는 학교 성탄 축제에서 열두 줄짜리 시 낭독자로 뽑혔다. 단어 하나하나 아주 꼼꼼하게 외웠지만, 막상 무대에 서니 한 마디도 나오지 않았다. 몸이 얼어붙은 나는 불안한 눈길로 관객석의 학생들과 학부모들을 바라보았다. 이들은 내가 입을 열기만을 기다렸다. 내겐 영원처럼 느껴졌던 5분이 흘렀고, 선생님이 나를 무대에서 데리고 나오면서 상황은 끝났다. 선생님은 복도에서 나를 몹시 꾸짖었다.

"너한테 시 암송을 맡기는 게 아니었어. 너 때문에 학교 전체가 모욕을 당했잖아. 어쩌면 그렇게 게으르고 제멋대로니? 아무런 준비도 하지 않고 뻔뻔하게 무대에 서다니!"

지금까지도 나는 이 경험을 잊지 못한다. 그때 시를 아주 잘 암기했으면서도 무대에서 한 마디도 하지 못한 이유를 오랫동안 스스로 물어 왔다. 이제는 그 이유를 알고 있다. 자기 회의라는 재앙이 이미 축제 며칠 전부터 나를 괴롭혔기 때문이다.

'사람들이 내 목소리가 이상하다고 여기면 어떡하지? 내가 틀리게 암송해서 사람들이 웃으면 어떡하지? 내가 다른 학생들처럼 귀엽고 예쁘지 않다고 누가 손가락질하면 어떡하지? 갑자기 내가 외운 시가 하나도 생각나지 않으면 어떡하지?'

자기 회의는 무대에서 나를 방해했고, 이런 부정적인 두려움은 사실이 되었다. 내 모든 주의력은 온통 의심에

쏠렸고, 이 도전을 훌륭하게 해낼 수 있다는 생각은 하지도 못했다.

이런 사소한 일화 외에도 극복할 수 없을 것 같던 엄청난 자기 회의도 있었다. 극단적인 자기 회의감은 젊은 시절 내내 나를 따라다녔다. 나의 지성, 매력, 외모, 의사소통 능력을 의심하면서 스스로 좋은 사람인지조차 의문을 품었다.

자기 회의는 말 그대로 내 인생에 딴지를 걸었다. 그렇다면 이런 자기 회의에는 과연 좋은 점이 있을까?

3개월 전, 내게 좋은 기회가 찾아왔다. 어떤 단체에서 '직장에서의 자기 신뢰'라는 주제로 청중 900명 앞에서 45분간 강의할 연설자를 찾고 있었다. 나는 이 제안을 기쁘게 받아들였다.

강의 당일에 무대 공포증이 약간 있었지만 첫 순간부터 청중을 사로잡고 그들에게 감동을 줄 수 있다고 확신했다. 그리고 47분 후에 나는 열렬한 박수 소리와 함께 무대를 떠났다.

내가 만약 어린 시절에 자기 회의를 겪지 않았더라면,

그래서 이 사건이 내 인생에 딴지를 걸지 않았더라면 이런 순간은 결코 오지 못했을 것이다. 자기 신뢰가 지나친 사람은 의심 때문에 고민할 일이 없기 때문이다. 가끔 의심이 고개를 들어도 무시해 버리고, 자신이 더 잘할 수 있는 다른 삶의 영역에 집중한다.

따라서 자기 신뢰가 지나친 사람도 자기 회의가 심한 사람만큼이나 자신에 대해 잘 알지 못한다. 자기 신뢰감을 타고난 사람은 굳이 이런 책을 읽거나 강연을 듣지도 않는다. 그 결과 적당히 좋은 인생은 살 수 있지만, 자신의 문제가 지닌 멋진 선물과 내면에 깊이 감춰진 잠재력은 발견하지 못하는 경우가 많다.

성공한 사람들을 생각해 보자. 이들의 삶은 산책하듯 여유롭고 편안했을까, 아니면 자신과 치열하게 싸운 결과일까?

나는 큰 위기와 문제를 극복한 사람들에게 관심이 많다. 이들에 관한 자료들을 찾아보면 대부분 자기 회의의 경험이 있다는 사실을 알 수 있다. 그래서 모든 회의감에는 선물이 마련되어 있다고 확신한다.

내가 '머릿속 쓰레기'라고 즐겨 부르는 이 자기 회의를 다양한 삶의 영역에서 해결하면서 이를 소중한 꿀방울로 받아들이는 방법을 살펴보자.

♥
LOVE MYSELF

2장

불가능한 일을
극복하는 힘

> 아무것도 할 수 없을 것 같다고요?
> 당신에게는 불가능한 일에 도전할 수 있는 힘이 있어요.

생각의 한계를 허물어야 하는 이유

자기 회의는 주로 과거의 일이 원인이다. 내가 자주 찾는 레스토랑 주인인 사피야가 최근에 이런 이야기를 들려주었다.

"한계는 우리 머릿속에만 존재하는 거야."

사피야가 살아온 삶을 아는 나로서는 그 말에 숨이 탁 막혔다. 마흔네 살인 사피야는 시리아 국경 근처에서 태어나 열여섯 살 때부터 오스트리아에서 살고 있다. 6남매와 함께 농가에서 자랐지만, 집안 형편이 넉넉하지 못해 학교에 다니지는 못했다. 그래서 글이나 산수를 배우지 못했지만, 현재 식당 세 곳을 성공적으로 운영하고 있다. 사피야의 머릿속에는 항상 이런 말이 맴돌았다고 한다.

'넌 안 돼.'

'넌 그럴 능력이 없어.'

'넌 절대 해낼 수 없어.'

나는 계속 이런 한계와 싸워 온 사피야의 말에 감동하며, 어린 시절의 내 한계를 떠올렸다. 사피야는 끊임없는 노력과 자기애로 열악한 유년 환경을 극복하고 멋진 삶을 살고 있다.

어떤 사람들은 이런 질문을 할지도 모르겠다.

"왜 그 한계를 극복해야 하죠?"

오랫동안 박혀 있던 한계를 허무는 일은 힘들지만, 꼭 필요한 작업이다. 그러려면 우리를 둘러싼 한계를 인식해야 한다. 그래야 이를 계속 유지할지 또는 없애 버릴지 결정할 수 있다. 자신의 한계를 극복하면 새로운 세계가 열리면서, 불가능해 보이던 많은 일이 갑자기 가능해진다.

'그건 안 돼.'

'그런 행운은 다른 사람 몫이지.'

'그건 이룰 수 없어.'

이런 고정관념들이 사라지게 된다. 내적 장애물을 극복하는 데는 나이 제한이 없다. 우리는 나이에 따라 의식적으로 새로운 신념을 찾아낸다. 그럼 이제 우리 삶에 부정적인 영향을 미치는 고정관념이 어떻게 생겨났는지 살펴보자.

1. 어릴 때 형성된 한계

우리가 지닌 사고의 한계는 자라난 환경, 문화와 관습, 가정과 교육 때문인 경우가 많다. 어릴 때는 부모와 교사의 가르침을 믿고 따른다. 부모와 조부모, 교사들은 대부분 자신이 삶에서 배운 것들을 그대로 전달한다.

이때 우리에게 세상의 모든 문이 다 열려 있지 않고, 특정한 문은 성장 배경, 가정 환경, 유전자에 따라 평생 닫혀 있다고 보는 신념이 생긴다. 어른으로 성장했을 땐 이 한계가 고착화되어 무엇이든 도전하지 않게 된다.

예를 들면, 시골 노동자 가정에서 성장한 젊은이가 있

다. 이 젊은이는 주변 환경에 영향을 받아 인생을 살아간다. 그래서 대학 생활, 도시 생활, 이민 같은 건 아예 꿈꾸지도 않는다.

이런 상황은 누구에게나 비슷하게 작용하며, 각자의 한계만 다르게 나타날 뿐이다.

2. 학교에서 습득한 한계

이 세상에 태어난 아이들은 삶의 예술가이다. 그들은 놀라운 상상, 낯선 시각, 생기발랄하고 창의적인 생각으로 가득하다. 평범한 거실에서도 아이들은 멋진 모험을 떠날 꿈의 배를 상상으로 만들어 낸다. 아이들에게는 어른들이 웃어넘길 원대한 꿈이 있다. 아이들은 어떤 욕구를 충족하지 못할까 또는 실수할까 두려워하지 않는다.

그러나 이런 상황도 삶의 예술가들이 나이를 먹으면서 빠르게 변한다. 아이들은 학교에 들어가면서 기대치나 요구, 실수를 알게 된다. 그들은 실수가 나쁘고 부끄러운 것이라고 배운다. 그래서 가능한 한 실수를 피하려한다. 그 결과 어린아이다운 호기심, 창의성, 그리고 새로움을 향한 동경은 내려놓고 한계를 만들어 나간다.

3. 신념을 통해 굳어진 한계

청년 시절에는 대개 사회적 요구와 새로운 과제를 위해 노력한다. 이 시기에는 과거에 형성된 한계에 매달리는 경우가 별로 없다.

대신 뚜렷한 이유 없이 어떤 한계에 대한 믿음을 받아들인다. 이 믿음은 시간이 지날수록 점점 고착된다. 예를 들어 서른다섯 살 여성에게 훌륭한 작가나 화가의 재능이 있다고 말한다면, 당황할 가능성이 크다. 오랫동안 무의식적으로 자신은 나이가 들어 새로운 걸 시작할 능력이 없다고 생각해 왔기 때문이다.

우리는 새롭고 더 나은 길로 나아가길 방해하는 수많은 한계의 원인을 알고 있다. 이 한계에 이름을 붙여 보면 어떤 한계가 자신의 자유를 제한하는지 분명해진다. 거창하고 대단한 소원을 떠올려 보자. 부유함, 완벽한 건강, 엄청난 성공, 소설에나 나올 법한 세기의 사랑 등 불가능해 보이는 소원이면 된다. 소원은 구체적일수록 좋다. 그 소원을 이루기 위한 자신의 상태를 다음 항목에서 체크해 보자.

- ☐ 난 별로 똑똑하지 않아.
- ☐ 난 별로 아는 게 없어.
- ☐ 난 충분히 교육받지 못했어.
- ☐ 내겐 능력이나 재능이 없어.
- ☐ 난 별로 인정받지도 못하고, 중요한 사람도 아니야.
- ☐ 내겐 자신감이 부족해.
- ☐ 난 자신을 별로 믿지 않아.
- ☐ 나 같은 사람에게는 힘든 일이야.
- ☐ 부자는 다른 사람이나 되지, 난 아니야.
- ☐ 다른 사람들만 할 수 있는 일이야.
- ☐ 그런 행운은 남들에게나 있겠지.
- ☐ 난 그다지 창의적이지 않아.
- ☐ 내가 할 수 있는 게 별로 없어.
- ☐ 그냥 안 되는 일이야.

자신에게 해당하는 문장이 있는가? 그렇다면 이제 중요한 질문을 할 차례다.

"극복할 수 없어 보이는 한계를 어떻게 넘어설 수 있을까?"

머릿속에 박힌 한계들이 아주 단단하지만, 이를 넘어서는 사람들은 항상 있다. 이런 사람들이 고착된 믿음을 뒤흔들고 용기를 준다. 사람들은 자신과 처지가 비슷한 누군가가 해내기 전까지는 항상 불가능하다고 생각한다. 이에 대한 좋은 예가 100m 달리기 기록이다. 1968년 6월 20일 전까지만 해도 100m 구간을 10초 이내로 달리는 건 불가능한 일이라고 여겼다. 그러나 그날 미국의 육상 선수 짐 하인스가 이 불가능한 일을 해냈고, 그 후로는 많은 선수가 비슷한 기록을 냈다.

이제 개인의 한계를 정신적으로 극복할 수 있다는 것을 알았다. 한계를 극복하기 위해 도움이 될 만한 방법을 소개한다.

LOVE MYSELF TIP

한계를 허물어라

머릿속에 있는 한계에 힘을 실어 주는 것은 당신의 생각이다. 그러나 그 생각의 주인도 당신이므로 당신에게는 한계를 허물 힘이 있다. 자신의 한계를 깨닫고, 천천히 허물도록 노력해 보자!

1. 당신의 한계는 무엇인가?

- 당신이 완전히 다른 사람으로 다시 세상에 온다면 무엇을 하고 싶은가?
- 위의 대답이 현재 당신이 할 수 있는 것인가, 없는 것인가? 만일 현재 할 수 없는 일이라고 대답했다면 이는 당신의 능력이 부족한 것이 아니다. 다른 사람의 영향을 받아 할 수 없다고 스스로 한계를 설정한 것이다.
- 그럼 다른 사람은 나에게 어떤 영향을 미쳤는가? 그 일이 과거에 일어났다면 성인이 된 지금도 유효한가? 그

렇다고 답한다면 그 일을 계속 되뇌어 보거나 소리 내어 말해 보자.

2. 실수에 대한 두려움 약화시키기

한계를 허물려면 실수에 대한 두려움을 떨쳐야 한다. 실수는 삶의 일부일 뿐이다. 실수하지 않는 사람은 아무것도 하지 않는 사람이다. 실수에서 긍정적인 면을 찾아내면 실수도 좋은 것이라는 인식이 생기고 경험과 발전에 도움이 된다는 사실을 알게 된다. 이 생각이 잠재의식에 새겨지면 점차 실수에 대한 두려움이 약화된다.

- 살면서 저지른 실수를 적어 보고, 그 안에서 긍정적인 면을 찾아보자.
- 실수에서 무엇을 배웠는가? 이 실수들은 언제 도움이 되었는가? 후회하지 않은 실수도 있는가?

3. 이제 당신은 한계를 극복할 수 있다

- 자신이 닮고 싶은 사람을 찾아보자. 자신과 비슷한 한계를 지녔지만 극복해 낸 사람을 찾는 것이다. 온라인에는

이런 다양한 인물에 관한 이야기들이 많다. 사람들에게 용기를 주는 삶의 지혜에 관련된 책도 많이 나와 있다.

- 닮고 싶은 사람을 찾고 나면, 그 사람이 어떻게 목표를 이루었는지 가능한 구체적으로 연구한다. 그는 어떤 인식을 통해 변화를 이루었는가? 어떤 방식을 적용했는가? 어떤 인생관을 지니고 있는가? 여러모로 살펴보고 당신에게 도움이 될 만한 걸 골라서 적용해 보자. 그럼 한계를 극복할 수 있다.

자신이 부족하다는 느낌이 들 때

스스로 부족하다는 불안감이 검은 그림자처럼 드리우며 모든 생각을 집어삼킬 때가 있다. 불안감의 목소리는 너무 압도적이어서 무시할 수도 없다. 불안감은 온갖 그럴듯한 이유를 대며 우리에게 자격이 없다고 말한다. 우리는 서서히 이 목소리를 믿게 된다. 그렇게 되면서 남들이 나의 부족함을 알아차릴까 두려워지는 것이다.

이런 자기 회의에 대해 다들 할 말이 많을 것이다. 나도 마찬가지다. 이런 못난 감정을 대면하는 건 불쾌한 일이지만 최근에 나는 약간 다른, 심지어 긍정적인 경험을 하게 되었다.

친한 친구가 내 글을 몰래 공모전에 보냈다. 공모전에 뽑히면 심리 상담 분야의 유명 작가가 주최하는 작문 세미나에 참가할 수 있는 자격이 주어졌다. 수상자 열 명 중에 내가 포함되었다는 연락을 받았을 때, 나는 뛸 듯이 기뻤다.

세미나가 시작되기 전, 참가자들은 유쾌한 티타임을 가지며 서로 이야기를 나누었다. 나는 다른 참가자들의 다양한 인생 경험과 끊임없이 쏟아 내는 창의적인 아이디어에 감동했다. 한껏 기분이 고조된 상태였다. 그런데 느닷없이 내 안에서 이런 말이 들려왔다.

'이 사람들은 모두 나보다 낫고 경험도 풍부해. 내가 초대받은 건 실수일지도 몰라.'

평소 자의식이 강한 데다 정신적으로도 잘 훈련이 되어 있던 내가 스스로 이런 생각을 하다니 놀라웠다. 그래도 나는 자기 회의감에서 벗어나지 못했다. 세미나가 시작되면서 상황이 달라졌다. 세미나 강연자가 냉소적인 웃음을 지으며 물었다.

"여러분 중에 오늘 이 자리에 참여할 자격이 충분하

다고 생각하는 사람이 있습니까? 자신이 최고라고 생각하시는 분?"

잠시 후 우리는 서로를 살피듯 쳐다보았지만, 누구도 충분한 자격이 있다고 대답하지 않았다.

"좋아요. 다들 부끄러운 모양이니까 익명으로 답해 봅시다."

우리는 '오늘 이 자리에 최고의 작가로 참석할 자격이 충분하다고 생각하는가?'라는 질문에 서면으로 답해야 했다. 나는 종이에 얼른 '예.'라고 적었다.

세미나 강연자가 다시 목소리를 높이며 부끄러워 말고 솔직하게 답하라고 다그치자, 나는 종이를 구겨 버리고 새 종이에 진지하게 '아니요.'라고 적었다.

설문 결과는 놀라웠다. 대부분 심리 상담 분야 전문가들인 참가자 열 명 중에서 아홉이 자신에게 충분한 자격이 있는지 의심했다. 우리는 안도하며 서로 바라보았다. 이 순간 무거운 짐이 내게서 떨어져 나갔다. 이제 나 자신과 내가 가진 능력을 의심하는 건 나쁜 일이 아니라 아주 자연스러운 일로 여겨졌다.

세미나가 진행되는 동안 자신에 대한 회의감이 사라졌다. 그 이후로도 가끔 스스로 회의감이 들면 다들 마찬가지라고 생각해 본다. 이런 생각만으로도 충분히 치유가 된다.

이제 자신에게 해당하는 사항이 있다면 표시해 보자.

- ☐ 자아 비판적이며 스스로 만족하는 경우가 드물다.
- ☐ 어떤 능력이나 자질이 부족해서 불안하다.
- ☐ 지금까지 살면서 운이 좋았을 뿐이며, 누군가 나의 참모습을 들여다볼까 두렵다(가면 증후군).
- ☐ 실수가 있어선 안 된다. 모든 게 완벽해야 한다.
- ☐ 창피 당할까 봐 다른 사람 앞에서 말하기가 두렵다.
- ☐ 나에게 매력이 있기나 한지 의심스럽다.
- ☐ 다른 사람과 비교했을 때 내 신체가 불만족스럽다.
- ☐ 종종 나의 약점과 흠을 감추려 든다.
- ☐ 새로운 과제를 잘 해낼 수 있을지 자신이 없어 꺼리게 된다.
- ☐ 더 나은 사람이 되지 못해 종종 나에게 화가 난다.

☐ 내 인생에 주어진 많은 일이 내게 과분하다고 생각한다.
☐ 다른 사람이 비웃을까 두려워 의견을 내지 않는다.

이 중에서 자신에게 해당하는 문항이 있는가? 사람들은 대부분 자기 회의를 느낀다. 자기 회의감은 무의식적으로 삶에 파고들어 와 점차 힘을 얻으면서 우리를 지배하기 시작한다.

극단적인 경우 가면 증후군으로 발전하기도 한다. 가면 증후군은 스스로 자격이 없으며 지금까지는 운이 좋았을 뿐이라는 생각에 불안해하는 심리를 말한다. 이들은 남이 자신의 참모습을 들여다볼까 몹시 두려워한다.

최근에 이런 증후군을 앓는 사람을 만난 적이 있다. 몇 주에 걸쳐 그에게 파고든 자기 회의의 핵심을 밝혀내고, 동시에 자신이 부족한 사람이라고 느끼는 감정이 어디에서 오는지 알아내려고 애썼다. 여기에는 다양한 원인이 있다.

1. 부족한 인정과 존중

다른 신념과 마찬가지로 스스로 부족하다고 느끼는 감정도 종종 과거에서 비롯된다. 특히 존중받은 경험이 부족할 때 그런 감정이 들 수 있다. 유년기와 청소년기에 별로 칭찬을 받지 못했거나, 자주 비난과 욕을 먹거나 실수를 지적당한 사람은 나중에 완벽주의자가 되거나 끊임없이 자신을 의심하게 된다. 건강한 자기 존중의 기반이 약한 탓이다.

스스로 부족하다고 느끼는 감정이 강해 타인의 인정을 받아들이지 못하는 사람들도 많다. 그들은 잘했다는 칭찬을 들어도 자신의 성취를 대수롭지 않게 여긴다. 외모에 관한 칭찬에도 비슷하게 반응한다. 내면의 확신이 겉으로 드러난 것이 반응이다. 스스로 인정하지 못하는 이유는 과거에 자신을 훌륭하거나 아름답다고 느낀 경험이 없기 때문이다.

2. 자신에 대한 비현실적인 요구

요즘 자기 계발을 위한 방법이 많이 소개된다. 예전에

는 자기 계발이 주로 스포츠 분야에서 이루어졌는데, 최근에는 다양한 영역으로 확대되었다. 이제 우리는 더 전문적인 교육을 받고, 외국어를 습득하고, 몸에 근육을 키우고, 유기농 식품을 먹고, 자의식을 높이고, 성공을 거두고, 건강을 유지하고, 능력을 갖추라는 요구에 내몰린다.

이런 예는 얼마든지 있다. 요즘 SNS 팔로워 수가 급증하고 있는 한 여성이 있다. 그 여성은 체육과 법학을 전공했고, 마라톤과 서핑을 즐기며, 유기농 식품을 먹는 채식주의자이다. 하루에도 몇 차례 명상하고, 최근에는 요가 강사 자격증을 획득했으며, 여러 보육원에서 봉사 활동을 하고, 외모는 '독일 차세대 톱모델' 후보감이다.

물론 이 여성 외에도 슈퍼우먼과 슈퍼맨의 예는 아주 많다. 이들은 잡지 표지를 장식하거나 팔로워 수가 백만 명을 넘기도 한다. 다들 자기 계발에 동기를 부여하는 사람들이다. 어느 정도까지는 정말 좋다고 볼 수 있다. 그러나 유감스럽게도 이들은 자신의 결점은 별로 언급하지 않는다. 그 결과 이들을 보는 우리는 스스로 부족하다는 감정을 계속 갖게 된다. 우리 곁에는 자신의 부족한 면을 감추기 위해 완벽하게 보이려고 애쓰는 사람들이 많다. 그러나 우리는 완벽해질 수 없고, 이런 노력은 종종 물거품이 된다. 그래도 완벽해지려는 압박은 그대로 남아서 우리 삶을 힘들게 한다.

3. 다른 사람과의 비교

우리는 종종 비교를 한다. 이는 자신이 부족하다고 느끼게 되는 또 다른 원인이다. 자신이 아름답지도, 똑똑하지도, 사랑스럽지도 않다고 느끼는 이유는 대부분 자신 없는 분야만 비교하기 때문이다. 특히 그 분야에서 최고인 사람들과 자신을 비교할 때가 많다. 예를 들면 모델, 연예인, 다재다능한 사람들과 자신을 비교하는 식이다.

그렇지만 이웃이나 동료처럼 '평범한' 사람과 비교하는 일도 불완전하기는 마찬가지다. 평범한 사람들도 남에게는 주로 좋은 면만을 보여 주기 때문이다. 부족함과 실수를 철저히 감추고 있어서 알고 보면 나보다 나을 것이 없는 경우가 많다. 그러니 이런 식의 비교에서는 내가 늘 뒤처지는 게 당연하다.

4. 부정적인 생각

자신이 부족하다고 생각하는 자기 회의의 여러 원인은 본인이 만든 경우가 가장 많다. 생각이 자기 회의감에 생명과 힘을 불어넣기 때문이다.

예를 들면, 아주 아름다운 이웃 여자를 떠올리면서 그 옆에 서 있는 자신의 모습을 미운 오리 새끼 같다고 생각한다. 남과 비교해서 5킬로그램이 더 나간다고 생각하며 부끄러워한다. 형편없는 영어 실력을 생각하며 어떻게 창피를 당할지 상상해 본다. 예전에 당신을 거부했던 사람을 떠올리면서 그 이유를 생각해 본다. 이런 생각들은 자신을 무너뜨리고 자존감을 약화시킨다.

이 세상에 태어날 때 내 자존감이 백만 점이었다고 가정해 보자. '난 부족해.'라고 말할 때마다 1점씩 깎인다면 지금 몇 점이 남아 있을까?

오십만 점? 아니면 십만 점? 점수가 낮을수록 자기 회의의 악순환은 더 심해진다. 낮은 자존감은 자기 회의를 키우고, 자기 회의가 쌓이면서 자존감은 더 낮아진다.

그러나 걱정할 필요는 없다. 이런 악순환은 끊을 수 있고 자존감은 회복될 수 있다. 자기 회의는 타고난 것이 아니며 극복할 수 없는 게 아니다. 그저 스스로 지어낸 이야기에 불과하다. 그러니 이야기를 바꿔 보자!

LOVE MYSELF TIP

자존감을 높이기 위한 새로운 이야기를 쓰자
자기 회의가 조금씩 쌓일 때 부정적인 이야기를 간단하게 긍정적인 내용으로 바꿔 보자.

1. 칭찬하기

칭찬과 인정을 잘 받아들이는 편인가? 아니면 칭찬받을 자격이 있다고 생각하면서도 미소로 고마움을 표시하기가 힘든가? 그렇다면 다음과 같이 해 보자.

- 칭찬을 받으면 진심으로 고마워하면서 환하게 미소를 지어 보자.
- 처음에는 이런 새로운 반응을 하기가 불편하거나 당황스러울 수도 있다. 그래도 자꾸 시도하다 보면 습관으로 자리 잡는다.
- 칭찬을 받아들이면서 스스로 자격이 있다고 잠재의식에 신호를 준다. 그러면 마음가짐도 바뀌게 된다.

- 이 칭찬이 잠재의식에 새겨질 수 있게 기록해 둔다.
- 적어도 일주일에 한 번은 시간을 내어 눈을 감은 채, 자신이 들은 칭찬을 다시 한번 순서대로 되새겨 본다.

2. 해내는 것이 완벽한 것보다 중요하다

자신을 자주 의심하는 사람은 완벽주의 성향이 있다. 이를 극복하려면 실행에 옮기는 게 가장 중요하다. 어떤 실수를 피하고, 무엇이 잘못될 수 있는지 상상만 할 게 아니라 직접 경험해야 한다. 행동을 통해 얻은 인식은 서서히 잠재의식으로 옮겨 간다.

당장 오래전부터 생각만 하던 프로젝트를 진행해 보자. '지금 중요한 것은 완벽함이 아니라 해내는 것 자체다.' 이런 생각은 완벽주의 성향을 극복할 수 있게 도와준다.

3. 자신과 비교하기

자존감을 높이려면 남과 비교해선 안 된다. 그러나 모든 비교가 그런 건 아니다. 자신을 남과 비교하는 대신, 현재의 나와 과거의 나를 비교해 보자.

- 현재 나는 과거보다 무엇을 더 잘할 수 있는가?

- 시간이 지나면서 나는 어떤 능력을 습득했는가?
- 현재 나는 과거보다 무엇을 더 잘 다룰 수 있는가?
- 과거와 비교해서 현재 나는 무엇을 해냈는가?

만약 다시 불필요한 비교를 해서 자존감이 떨어질 것 같은 경우, 인생에는 수많은 분야가 있으며 그중에는 상대방보다 내가 더 우월한 분야도 분명히 있다는 점을 명심하자.

날마다 나를 더 사랑하고 받아들이기

린다는 매일 아침 여섯 시에 일어나 아이들의 식사를 준비하고 남편 셔츠를 다린다. 서둘러 회사에 가면 벌써 서류가 산더미처럼 쌓여 있다. 서류 작업을 하는 동안, 동료가 와서 다급하게 도움을 요청한다. 평소 거절을 못 하는 린다는 부탁을 들어준다. 이런 린다의 약점을 회사 동료뿐만 아니라 이웃들도 잘 알고 있다. 그래서 항상 린다를 찾아와 이런저런 부탁을 해 댄다.

"혹시 우리 아이들 좀 봐 줄 수 있어?"

"모임 사은품 준비 좀 부탁해."

"속상한 일이 있는데 좀 만나자."

린다는 너무 바빠 자기를 위한 시간을 못 내면서도 남의 부탁은 거절하지 못한다.

또 다른 경우로 비에른이 있다. 비에른의 목표는 승진이다. 지금까지는 잘해 왔지만, 동료와 친구들에게 존경받지 못한다는 기분이 든다. 비에른은 더 열심히 일에 매진한다. 새벽같이 출근하고 항상 야근을 한다. 초과 근무만 보면 다른 동료들보다 세 배나 많이 한다. 그는 자기 계발도 열심히 하고 화술 학원도 다닌다. 지금까지 자기를 무시한 사람들에게 제대로 본때를 보여 주겠다는 각오를 하며 하루를 마무리한다. 애인이 비에른의 성취를 칭찬해 줄 때는 무척 기분이 좋지만, 그런 경우는 드물다. 비에른은 실수도 거의 하지 않는 편이다. 그래도 어쩌다가 실수하게 되면 절망하며 자신을 엄하게 질책한다.

이번에는 아드리아나의 경우를 살펴보자. 아드리아나는 혼자 있는 걸 싫어해서 늘 사람들과 어울리길 원한다. 주말을 혼자 보내는 위험을 피하려고 일주일 전부터 약속을 잡는다. 주말 내내 혼자 지내는 건 상상만 해도 끔찍하다. 직장에서는 사람들이 자신에게 관심이 없는 것 같아 점점 외톨이가 되는 기분이다. 함께 커피를 마시는 동료들을 보면 아드리아나는 곧장 합류해서 이런 저런 이야기들을 쏟아 낸다. 그러나 동료들은 별 반응이 없다. 가끔은 이렇게 말할지도 모른다.

"우리끼리 하던 얘기가 있는데 자리 좀 피해 줄래?"

아드리아나는 마음이 상해 자리를 피한 뒤, SNS로 관심을 옮긴다. 예쁘게 꾸미고 찍은 사진을 올리는 걸 좋아하는 아드리아나는 셀카를 여러 장 찍어서 올리고 이전에 올린 게시물도 살펴본다. 자신이 올린 사진에 '좋아요' 수가 많아지거나 예쁘다, 귀엽다 등의 기분 좋은 댓글이 달리면 매우 기쁘다.

더 관심받기 위한 전략

린다, 비에른, 아드리아나에게는 공통점이 있다. 특정한 행동을 해서 사랑과 인정에 대한 갈망을 보상받는다는 점이다. 사람은 누구나 정서적, 신체적 접촉과 애정, 인정, 인기와 칭찬을 갈구한다. 모두 사랑의 표현을 나타내는 특성들이다. 우리는 살기 위해 사랑이 필요하다.

원래 사랑에는 조건이 없다. 아기였을 때 우리는 요구하지 않아도 조건 없이 사랑받았다. 크고 나서야 사랑과 인정에 특정 조건이 연결되어 있다고 배운다. 린다는 사랑받기 위해 항상 친절하고, 다정하고, 싹싹해야 하며, 남에게 실망을 주면 안 된다고 배웠다. 비에른은 성취와 성공을 위해 노력할 때만 칭찬과 존경을 받는 경험을 했다. 아드리아나는 주목받고 인기를 얻으려면 아름다워지려고 노력해야 한다고 생각했다.

세 사람 모두 과거에 애정 결핍을 경험했다. 그들은 세월이 흐르면서 주변 사람들에게 사랑받기 위해 다양한 전략을 발전시켰다.

사랑과 인정이 결핍될 때 특히 나타나는 행동 양식들이 있다.

- 병: 몸이 아프면 보호와 관심을 받는다. 어린 시절에

경험해 봤기에 안다. 주변 사람들에게 따뜻한 관심을 받기 위해 무의식적으로 몸이 아프길 기대한다.
- 거짓말: 관심과 흥미를 불러일으키기 위해 무용담을 늘어놓거나 능력과 성공을 과장한다.
- 가해 행동: 극단적인 굶기, 중독(쇼핑, 알코올, 약물)을 통한 보상 또는 자해로 나타난다.
- 위험한 관계: 배우자가 신체적, 정신적으로 가해를 하는데도 지나치게 친밀감을 갈구하다 보니 상대방을 떠나지 못한다.

이런 전략들은 부정적인 신념에 근거한다. 이런 경향이 한두 개쯤 나타난다고 문제가 될 건 없다. 그러나 사랑을 경험하지 못할 때 무의식적으로 해결책을 찾게 되는데, 그 해결책이 나쁜 습관일 경우가 많은 게 문제다.

사랑과 인정 욕구를 잠재우는 가장 좋은 전략은 '자기애'다. 사랑이 급히 필요할 때 자기애를 통해 스스로 채울 수 있다. 그러면 외부에서 인정을 받으려는 욕구가 줄어든다. 행복에 필요한 사랑을 내면에서 얻을 수 있기 때문이다. 자기애의 효과는 사랑의 욕구를 잠재우는 것으로 끝나지 않는다. 지속적이고 올바른 자기애의 실천은 삶에 긍정적인 영향을 끼친다.

우선 자신의 갈망을 잠재우려면 인정과 사랑이 얼마나 필요한지 알아보자.

자기애는 어느 정도 필요할까?

친밀감과 거리감이 불러일으키는 다양한 욕구는 관계 속에서 드러난다. 친밀감에 부담을 느낀 배우자가 자꾸 거리를 둔다면, 애정과 관심을 갈망하는 상대방은 외로움과 거부감을 경험한다.

이런 다양한 욕구의 원인도 어린 시절에서 찾을 수 있다. 어릴 때 보호받으면서도 지나친 구속이 없는 경우, 대부분 평균적인 사랑의 욕구를 갖는다. 어린 시절에 친밀감과 사랑을 받지 못한 경우에는 정서적인 친밀감을 받아들이지 못하거나 과도하게 요구할 수도 있다.

자신의 애정과 친밀감의 갈망 정도에 따라 욕구를 조절할 필요가 있다. 다음 질문을 통해 자신에게 필요한 애정의 정도를 확인할 수 있다. 머리에 떠오르는 대로 즉각 체크해 보자.

☐ 애정을 얻으려면 아부해야 한다고 종종 느낀다.
☐ 배우자에게 먼저 애정 표현을 하는 편이다.
☐ 배우자와 모든 걸 함께하는 게 좋다.
☐ 좋아하는 사람과는 지루해하거나 짜증 내지 않고 오래 함께 시간을 보낼 수 있다.
☐ 조금만 혼자 있어도 견디기가 힘들다.
☐ 혼자 휴가를 가느니 차라리 안 가고 만다.
☐ 누군가와 함께 휴가를 가면 당연히 늘 함께 시간을 보내야 한다.
☐ 외로움은 가능한 한 피하고 싶다.
☐ 따돌림을 당할까 종종 불안하다.
☐ 항상 내가 먼저 친구들에게 연락해야 하는 상황이 가끔 짜증 난다.

☐ 배우자가 날 필요로 할 때보다 내가 배우자를 필요로 할 때가 더 많다.
☐ 사랑하는 사람들이 가까이 있어야 마음이 놓인다.

결과를 살펴보자.

- 0~5개 해당: 애정과 친밀감 욕구가 중간 정도다.
- 6~10개 해당: 애정과 친밀감 욕구가 높은 편이다.
- 11~12개 해당: 애정과 친밀감 욕구가 상당히 높다.

애정과 친밀감 욕구 정도에 따라 자기애의 강도도 달라진다. 인정받고 싶은 욕심에 무리한 행동을 하지 않으려면 자기애가 필요하다. 애정과 친밀감 욕구가 중간 정도라면, 일주일에 한두 번 자기애를 충전하면 좋다. 애정과 친밀감 욕구가 높은 편이라면 적어도 하루 한 차례씩 몇 주 동안 자기애를 충전해야 한다. 그러다가 내면에 애정이 충만해지면 다시 일주일에 한두 번 정도 보통 수준으로 충전하면 된다.

LOVE MYSELF TIP

스스로에게 자기애를 선물하라

일상에서 적용할 수 있는 유쾌한 자기애 충전 방법을 소개한다.

- 자신의 장점을 열 가지 적어 보자.
- 아침저녁으로 크게 소리 내거나 머릿속으로 이렇게 말해 보자. "내 몸과 마음에 사랑이 넘쳐흐른다. 나는 날마다 자신을 점점 더 사랑한다."
- 거울에 비친 자신의 모습을 볼 때마다 이렇게 말해 보자. "나는 있는 그대로의 나를 사랑해."
- 다정하게 혼잣말을 해 보자. 자신이 자존감 코치라고 상상하면서 스스로 좋은 충고를 하고, 어떤 점이 멋있는지 말해 본다.
- 하루 동안 자신을 왕처럼 대접해 보자. 거품 목욕을 즐기고, 좋은 레스토랑에 가거나 연극을 보고, 가장 멋진 옷을 입고, 마사지를 받거나 미용실을 방문한다. 이때

- 다음과 같은 말을 몇 번 크게 말하거나 머릿속으로 생각해 본다. "나는 대접을 받을 자격이 있어."
- 자신을 껴안아 보자. 자신의 살갗과 숨결, 따뜻하게 휘감는 팔을 느껴 보자.
- 자신에게 선물을 해 보자. 꽃다발, 맛있는 초콜릿, 좋은 책, 향기로운 차를 선물하면서 이렇게 말해 보자. "이건 나 자신에게 주는 사랑의 선물이야. 나는 이런 선물을 받을 자격이 있어."
- 자기애 콜라주를 만들어 보자. 자신의 좋은 점을 찾아내고 각각의 특성에 맞는 그림을 잡지에서 오려 내어 콜라주를 만들어 본다.
- 다음과 같이 시작하는 문장을 적어도 일곱 가지 만들어 보자. "나는 사랑받을 만하다. 왜냐하면……."
- 다음 문장을 가능한 크게 말하거나 자주 머릿속으로 생각해 보자. "나는 사람들에게 없어서는 안 되는 존재야." 또는 "나는 이 세상을 위한 선물이야."
- 스스로 자부심을 느낄 만한 이유를 적어도 다섯 가지 적어 보자.
- 자기애 명상을 해 보자. 유튜브와 인터넷에 검색해 보면 관련 자료가 많이 있다.

- 자신의 몸을 위해 10분간 시간을 내자. 자신의 몸에서 좋은 점과 고마운 점을 찾아본다.
- 다음 문장을 몇 번씩 크게 말하거나 머릿속으로 생각해 본다. "나는 자신을 사랑하고 받아들이며, 삶이 내게 좋은 것만 가져다준다고 믿는다."

LOVE MYSELF

3장

영혼의 흉터를 치유하는 일

> 내 안의 상처가 너무 고통스러운가요?
> 이 아픔이 나를 더 나은 사람으로 만들어 줄 거예요.

과거의 상처가 보내는 신호

흉터를 생각할 때면 항상 허수아비가 떠오른다. 허수아비는 찢어진 옷을 너덜너덜하게 기워 입은 모습이다. 영혼의 흉터가 눈에 보인다면 틀림없이 허수아비 형상일 것이다. 사는 동안 생채기와 상처를 입으면서 흉터가 남기 때문이다.

우리가 인식하지 못하는 흉터들은 삶에 영향을 준다. 인식한다고 해서 이런저런 상처가 고통스럽지 않은 건 아니다. 우리는 고통을 피하길 원하고, 실망과 모욕 같은 불쾌한 경험은 겪고 싶어 하지 않는다. 고통이 더 심해질까 두려우면 관심을 딴 데로 돌리거나 외면하며 고통을 감춘다.

  때로 이런 방법은 소용이 없다. 마치 커다랗게 벌어진 흉터에 작은 반창고를 붙이는 것과 같다. 잠시 위험이 사라지고 통증이 잦아든 것처럼 보이지만 곧 피가 난다. 사람들은 이런 분명한 신호를 알아채지 못한 채 반창고를 더 붙여 댄다. 그러다 보면 언젠가 통증과 함께 출혈도 멎는다.

  그러나 이는 눈속임일 뿐이다. 어떤 특정한 행동을 하는 사람이나 특수한 상황이 상처를 건드려 기억이 떠오를 때면 통증은 다시 찾아온다. 상처가 제대로 치료되지 못하고 일시적으로 아물었기 때문이다. 이런 상태에서는 상처가 평생 따라다니기도 한다. 통증이 재발할까 두려우면 지나치게 조심스러워진다. 특정한 상황은 피하면서, 크게 행복하지는 않지만 두려움도 없는 안전지대에 머물게 되는 것이다. 결론적으로 우리는 과거에 생긴 흉터의 포로가 된다. 그러나 꼭 그렇게만 볼 건 아니다. 사실 다시 심해진 상처, 실망, 모욕은 우리 안에 치유가 필요한 곳을 알려 주는 메신저다. 그곳을 찾아내어 상처와 오래된 신념, 부정적인 경험과 맞설 용기를 낸다면 흉터 뒤에 숨은 선물을 빨리 발견할 수 있다.

"나는 원래 이런 사람이어서 어쩔 수 없어."

이제 이런 말은 통하지 않는다.

과거의 어떤 흉터가 우리 삶을 힘들게 하고, 또 그 뒤에는 어떤 선물이 숨겨져 있는지 자세히 살펴보자.

자기 생각을 믿는가?

나는 시간이 나면 시내를 돌아다니면서 예쁜 건물이나 그래피티 사진을 찍는 걸 좋아한다. 여기서 영감을 받을 때가 많다. 최근에 마주친 그래피티 문구도 그중 하나다.

"자기 생각을 다 믿지 마라."

이 간단한 문장에 많은 진실이 담겨 있다. 우리가 주변 사람들, 또는 어떤 경험을 해서 얻게 된 온갖 부정적인 신념은 잠재의식 속에 깊이 박혀서 인생관에 큰 영향을 준다.

부정적인 생각은 다음과 같은 경우에 생긴다.

- "나는 별로 훌륭하지도, 아름답지도, 똑똑하지도, 매력적이지도 않아."와 같이 말할 때
- 자신을 규정짓고 제한하는 경우
- 사랑, 돈, 인생 등 다양한 영역
- "넌 글러 먹었어." 또는 "예뻐야 왕자와 결혼하지."라고 부모나 교사와 같은 삶의 동반자들이 말할 때
- 실망, 기만, 이별, 거부, 그 밖의 트라우마 등 고통스러운 경험을 통해 얻은 결론

생각이 만드는 삶의 변화

우리에게는 이런 부정적인 생각들이 수없이 많다. 그 생각들은 우리 삶을 망치기도 한다.

내 친구 사브리나는 인생의 절반을 다음과 같은 문장

을 읊으며 살았다.

"인생은 거저 생기는 게 없어. 전쟁이지."

사브리나의 어머니와 할머니가 항상 이 말을 입에 달고 살았다고 한다. 사브리나의 인생은 어떻게 흘러갔을까. 본인의 말대로 전쟁이었다. 사브리나는 직장이든 집안이든 전쟁에서 승리하기 위해 모든 힘을 짜내야 했다. 사방에서 도움의 손길 대신 적과 위험만 만났다. 물론 그냥 생기는 것도 없었다. 사브리나는 임금 인상을 요구하거나 인생에서 깜짝 선물 같은 걸 받기를 바라지도 않았다. 때때로 힘에 부쳤지만 그래도 계속해 나갔다. 말하자면 사브리나의 인생은 자신의 생각대로 흘러간 셈이다.

지칠 대로 지친 사브리나의 속마음을 듣고 나서 내가 물었다.

"사브리나, 지금부터 네가 완전히 행운아라고 믿어 보면 어떨까?"

처음에 사브리나는 회의적인 반응을 보였다. 그러나 마음가짐을 바꾸는 방법을 듣고 나더니 한번 도전해 보기로 했다. 사브리나의 고정관념이 어찌나 강했던지 나는 기존의 방식 대신 내가 직접 고안한 스토리 기법을 추천했다. 이 기법은 단어 대신 그림을 활용하는 방식이어서 효과가 훨씬 크다. 스토리 기법을 시작하고 일주일이 지나자 사브리나의 일상에 처음으로 긍정적인 변화가 나타났다. '나는 행운아야.'라는 마음가짐 덕분에 사브리나는 더 자주 미소를 짓게 되었고, 그 결과 주변 사람들도 미소로 응수하면서 눈에 띄게 친절해졌다. 그러자 일도 더 수월해졌다.

두 달이 지나자, 드디어 사브리나에게 큰 변화가 생겼다. 인생이 사브리나에게 선물을 안겨 주기 시작했다. 남편은 낭만적인 저녁 식사를 준비해 사브리나를 놀라게 했다. 이웃집 여자는 대신 장을 봐 줘서 고맙다며 꽃다발을 선물했다. 자녀들도 일을 더 많이 도와주었다. 시어머니도 점점 더 호의적으로 대해 주었다. 상사의 칭찬이 늘면서 승진 가능성도 높아졌다.

그림이 지닌 힘

스토리 기법은 어떻게 작용할까? 우선 떨쳐 내고 싶은 끈질긴 생각을 하나 떠올려 보자. 몇 개가 한꺼번에 떠오른다면 우선 그중 가장 센 생각에 집중한다.

지난 휴가에서 행복했던 순간을 기억할 때 어떤 장면이 떠오르는가? 스토리 기법에서는 단어를 접하면 내면의 눈에 어떤 장면이 떠오른다. 직접 읽었거나 머리에 떠오른 단어는 긍정적이든 부정적이든 금방 그림으로 바뀐다. 스토리 기법에서는 '시각화'라고도 부르는 이 내면의 생각을 이용한다.

방식은 인스타그램이나 페이스북의 '스토리' 기능과 비슷하다. '스토리'에서는 사진이나 영상을 게시해서 이야기를 만든다. 어떤 스토리를 보다가 마음에 안 들면 계속 넘겨서 다른 스토리를 읽을 수도 있다. 여기서 마음에 드는 스토리를 저장해 두면, 원할 때마다 이 이야기를 꺼내 볼 수 있다.

이러한 스토리 기능처럼 어떤 그림 이야기를 무의식

속에 저장할 것인지 직접 결정할 수 있다는 점이 스토리 기법의 장점이다. 장면을 더 오래, 더 집중적으로 볼수록 동일시가 이루어지기 때문에 무의식에서 그림의 힘은 더 강하게 발휘된다.

LOVE MYSELF TIP

문자보다 그림이 더 효과적이다

긍정적인 그림 이야기를 통해 부정적인 생각을 손쉽게 덮어쓸 수 있다. '스토리 기법'을 통해 자신만의 영화를 찍자!

1. 준비 작업

- 부정적인 생각을 하나 골라서 긍정적인 생각으로 바꿔 본다. 예를 들어 "살면서 공짜는 없더라."라고 말하는 대신 이렇게 말해 보자. "내겐 많은 것이 삶의 선물이야."
- 이때 현재형으로 문장을 만들고, 부정문은 사용하지 않도록 조심한다.
- 새로 만든 긍정적인 생각이 자연스럽게 입에 붙도록 노력한다.
- 눈을 감고 긍정적인 생각에 적합한 장면이나 영화를 그려 본다. 예를 들면 삶이 주는 깜짝 선물에 몹시 기뻐하는 자신을 떠올린다.

- 이 장면을 아주 자세히 들여다본다. 자신에게 주목하면서 상황에 제대로 감정 이입을 하도록 노력한다.
- 이때 샘솟는 긍정적인 감정을 느껴 본다.
- 자신의 스토리를 서너 가지 장면으로 확장해 본다.

2. **5분 기법**(비교적 시간이 걸리지 않아 일상에서 쉽게 적용할 수 있다)

- 눈을 감고 부정적인 생각을 할 때 어떤 장면이 떠오르는지 주목한다.
- 이 스토리에 잠시 머물고 나서 다음 장면으로 넘어간다.
- 다음 장면에서는 새로운 긍정적인 생각에 맞는 스토리를 떠올려 본다.
- 이제 저장 버튼을 눌러 스토리를 시각화하고, 긍정적인 스토리를 잠시 바라본다.
- 이 과정을 반복하면서 점차 부정적인 스토리에서 머무는 시간을 줄이고, 긍정적인 스토리에서 머무는 시간은 늘린다.
- 이 과정을 몇 차례 반복하다 보면 처음 스토리와 관련된 부정적인 생각은 힘을 잃고, 긍정적인 스토리는 점점 강해진다.

취약점에는 메시지가 있다

취약점은 과거에 상처를 잘못 처치해서 건드릴 때마다 피가 나는 부위다. 상처가 어설프게 봉합되고 제대로 치료되지 않아서 언제든 다시 헤집어질 수 있다. 때로는 고통을 준 원인이 다시 느껴지는 경험도 하게 된다. 취약점은 다음과 같은 모습으로 나타난다.

- 질투나 상실감(버려지고, 속고, 혼자 남겨졌던 기억)
- 낮은 자존감(따돌림을 당하고, 충분히 사랑받지 못했던 기억)
- 거부당한 기분(누군가에게 소중하게 취급받지 못한 기억)
- 자신이 부족하다는 느낌(쓸모없게 느꼈던 기억)

- 모욕감(웃음거리가 되거나 불쾌한 대접을 받았던 기억)
- 도망쳐야 한다는 기분(고통스러운 상황에서 벗어나기 위해 도망칠 수밖에 없었던 기억)

취약점은 화나 분노에 휩싸인 듯한 모습으로도 나타날 수 있다. 다음과 같은 사람들을 만났을 때 말이다.

- 행동으로 계속 화를 돋우는 사람들
- 함께 있는 것만으로도 혈압이 올라가게 하는 사람들
- 청하지도 않은 조언을 하고, 계속 트집 잡고, 잘난 척하는 사람들
- 나라면 절대 하지 않을 행동을 하는 사람들

상처를 헤집는 일

고통이 다시 일깨워지면 아주 비참한 기분이 든다. 민감한 취약점을 계속 건드리는 사람을 혐오하게 된다. 그

래도 취약점에는 우리를 위한 선물이 마련되어 있다. 산드라의 이야기는 과거 상처 때문에 현재까지도 인생이 힘들 수 있음을 잘 보여 준다.

산드라가 자란 가정에서는 감정이나 문제를 터놓고 이야기하는 게 익숙지 않았다. 그러다가 문제가 생기면 그냥 덮어 두었다. 산드라의 기억에는 다섯 살 무렵에 새로 산 인형을 언니와 함께 갖고 놀던 일이 아직도 남아 있다. 실수로 인형을 계단에서 떨어뜨렸는데 인형 손이 빠져 버렸다. 아버지는 망가진 인형을 들고서 산드라를 야단쳤다. 산드라는 일부러 던진 게 아니라고 해명하려 했지만, 기회조차 없었다. 아버지는 산드라에게 한마디도 대꾸하지 말라며 방을 나갔다. 그 후 며칠 동안 아버지는 산드라의 말과 행동을 무시했다. 산드라는 차라리 아버지가 고함을 지르거나 따귀라도 때려 주기를 바랐다. 아버지의 철저한 침묵이 산드라에게는 그만큼 견디기 힘들었다. 이 '무시'라는 벌은 그 후 몇 년 동안 이어졌다. 산드라의 남동생이 태어나자 상황은 더 나빠졌다. 어린 남동생이 한순간 부모님을 독차지하면서 산드라는 점점 부모의 관심에서 멀어진다고 느꼈다.

그 결과 '무시'는 오늘날까지 산드라가 느끼는 최악의 행동이 되었다. 산드라는 누군가 취약점을 건드리지 않고 넘어가는 날이 없다고 생각했다. 예를 들면 이런 식이다. 집을 나서다가 만난 이웃이 산드라에게 인사를 건네지 않는다. 회사에서는 산드라의 업무가 중요하지 않다는 듯 수시로 동료들이 방해한다. 친한 친구는 산드라의 의견을 묻지도 않고 여행을 계획한다. 피곤함에 지쳐 퇴근한 남편은 산드라에게 하루가 어땠는지 안부를 묻지 않는다. 사람들과 모여 있을 때 누구도 산드라에게 적극적으로 말을 걸지 않는다. 의도적으로 산드라를 괴롭히려는 사람은 없었지만, 주변 사람들 때문에 산드라는 예전의 고통을 다시 느낀다.

산드라의 경우는 과거의 상처가 현재의 삶에 얼마나 큰 영향을 미치는지 분명하게 보여 준다. 따라서 과거의 상처를 충분히 치료하는 것은 정말 중요하다. 그래야만 우리는 수많은 한계에서 벗어날 수 있다.

자신의 행동을 살펴보며 용기 있게 바꿔 나가면 인생

은 한결 수월해진다. 이제는 상처와 실망에 대한 두려움이 자신의 결정과 행동을 규정짓지 못한다. "어쩔 수 없어. 난 원래 이래."라는 말들은 힘을 잃는다. 또한 주변 사람들을 적으로 보는 대신, 다정한 눈빛으로 바라보게 된다.

오래된 상처 치유하기

과거의 상처는 어떻게 치유할 수 있을까? 자신의 상처를 의식하는 것이 첫 단계다. 그다음에는 누군가 상처를 건드릴 때 자신이 어떻게 반응하는지 잘 살펴보아야 한다.

어릴 때 늘 혼자였던 나는 다시 혼자 남겨지는 게 두렵다. 그래서 친구가 갑자기 약속을 취소하거나, 배우자와 싸우기라도 하면 불안감이 엄습해 온다. 나는 이런 내 취약점을 깨달으면서 자신을 살펴보기 시작했다.

- 나는 누구에게 또는 무엇에 반응하는가?
- 어떻게 반응하는가?
- 어떤 불쾌한 감정이 드는가?
- 신체 어디에서 이 감정이 느껴지는가?

그런 다음 이 불쾌한 감정에 진심으로 인사를 건넨다.
"안녕, 이 골칫덩어리 녀석아. 또 너구나. 불안아, 네가 느껴져."
이제 취약점의 중심부와 대화를 시도해 본다.

- 넌 대체 어디에서 왔니?
- 내게 원하는 게 뭐야?
- 널 어떻게 도와줄까? 내가 어떻게 해 주면 좋겠어?
- 나에게 하고 싶은 말이 있어?

고통이나 불쾌한 감정은 이런 의식적인 방법을 쓰면 대부분 줄어든다. 그래서 상황에 따라 긴급 대책으로 아주 적합하다. 불쾌한 감정이 당장 줄어들지 않거나, 위의 질문에 뚜렷한 대답을 내놓지 못해도 상관없다. 시간이 지나면 상처 뒤에 숨은 진짜 욕구를 찾아낼 수 있을 것이다.

취약점에는 자신을 위한 메시지가 있다.

- 취약점은 자신이라면 허용하지 않았을 행동에 주목하게 한다. 예를 들어 산드라의 친구는 상대방과 함께 여행 계획을 짜는 대신, 자기 기분과 관심사에 따라 마음대로 일정을 결정하고 통보해 버린다. 이때 친구의 뻔뻔한 행동에 실망스러울 수 있지만, 산드라는 상대방의 태도를 대수롭지 않게 여기고 자신은 그러한 행동을 하지 않겠다는 깨달음을 얻을 수도 있다.
- 다른 사람이 도발을 하면 더 성장할 수 있다. 예를 들어 자신을 치켜세우면서 남의 공적을 가로채는 사람에게 화가 난다. 그러면 당신도 당신의 공적을 드러내는 법을 배우게 될 것이다. 그 결과 더 자신감 있고 더 외향적으로 변해 간다.

- 취약점은 어떤 신념이 깊이 뿌리박혀 있는지 알려 준다.
- 취약점은 완고한 신념을 떨쳐 버리기 위해 내면의 어린아이가 여전히 울고 있으며, 성인이 된 자신이 따뜻하게 안아 주길 갈망하고 있음을 보여 준다.

LOVE MYSELF TIP

취약점에서 메시지를 발견하라

다음 두 가지 방법은 취약점이 당신에게 어떤 메시지를 주는지 알려 준다.

1. 나를 도발하는 이들은 어떻게 행동하는가?

앞서 언급한 산드라의 친구처럼 나라면 절대 하지 않을 행동을 하는 사람들이 주변에 있다. 그럴 때는 다음 질문으로 취약점에 마련된 선물을 알아낼 수 있다.

- **나를 화나거나 슬프게 하고, 질투를 유발하거나 불쾌하게 만드는 사람은 어떤 행동을 하고 어떤 성격을 가졌는가?**
  아래에 대답을 적어 보자. 산드라의 대답을 예로 든다. "내 친구는 이기적이고 자기밖에 몰라요."

  _____

  _____

- **지금 답한 그 사람의 부정적인 특성을 긍정적으로 생각해 볼 수 있는가?**

  중립적인 관점에서 보도록 하자. "이기적이고 자기밖에 모르는 사람은 자기 욕구를 충족시키고 자신에게 관심을 쏟을 수 있어요. 언제 어디서나 자신을 무척 아끼고 늘 우선으로 생각하죠."

- **나는 어떤가? 당신이라면 _____하겠는가?**

  위의 빈칸에는 앞에서 답한 긍정적인 특성을 적어본다. 산드라의 대답을 보자. "아뇨, 나는 그렇게 안 할 거예요."

이 질문은 나를 도발하는 이들의 부정적인 특성을 긍정적인 의미로 보도록 초대한다. 우리가 그들에게 화나는 이유는 우리라면 평생 하지 않을 행동을 스스럼없이 하기 때문이다. 이 초대를 통해 그들의 긍정적인 특성을 의식적으로 우리 인생에 받아들이도록 노력하자.

2. 나를 도발하는 이들에게서 무엇을 배울 수 있는가?

모임에 갔는데 누군가 당신에게 공격적으로 말을 건다.

다른 사람들은 평온해 보이지만, 당신은 속이 부글부글 끓는다. 상대방의 행동은 당신만 겨냥한 것처럼 보인다. 산드라의 경우와 비슷하다. 녹초가 되어 퇴근한 배우자가 안부 인사를 생략해도 화내지 않는 사람도 있다. 그 행동을 도발로 여기지 않는 이들도 있는 것이다.

- 나를 도발하는 이들의 행동을 대수롭지 않게 여기는 사람은 자신을 어떻게 평가할까?
- 그 사람에게는 어떤 믿음이 있을까?
- 그 사람은 자신을 도발하는 이들의 행동이나 말을 어떻게 받아들일까?
- 그 사람이 그들의 행동을 대수롭지 않게 여기는 이유는 무엇일까?
- 당신도 이런 능력과 태도를 지닐 수 있을까? 그러려면 어떤 새로운 깨달음을 얻어야 할까?

내면의 어린아이가 여전히 울고 있을 때

얼마 전에 나는 친구 마리나와 그녀의 두 딸과 함께 놀이터에 있었다. 그때 어떤 장면을 보게 되었다. 네 살 된 요나가 모래 놀이에 정신이 팔려서 집에 가자는 어머니의 목소리를 듣지 못했다. 짜증이 난 어머니가 놀이를 중단시키려고 모래밭으로 다가왔다. 그러자 요나가 투덜거렸다.

"난 모래성 만들 거야."

"마지막으로 얘기할게. 집에 가든가 아니면 여기서 혼자 놀아."

어머니가 소리치자 요나는 눈물을 글썽였다. 요나는

싫다고 소리를 지르더니 결국 울음을 터뜨렸다.

"사람들에게 네가 울보라는 걸 보여 주든지 말든지 마음대로 해."

어머니는 씩씩거리더니 진짜 뒤돌아서 가 버렸다. 물론 길모퉁이까지만 갔을 것이다.

요나 어머니가 이해되기도 했지만, 요나가 얼마나 두려웠을지 지켜보기가 힘들었다. 요나는 숨도 못 쉴 정도로 점점 심하게 울었다. 그때 다행히 어머니가 요나를 데리러 왔다.

누구나 한번쯤 경험해 보았을 이런 일상적 상황이 어린아이에게는 오랫동안 상처로 남을 수 있다. 여기에는 위로의 부족, 가혹한 벌, 부모와 조부모의 행동 방식도 책임이 있다. 특히 어린아이가 극적인 상황에서 홀로 남겨진 채 이해도 포옹도 받지 못할 때 상처를 받는다.

그렇다고 해서 부모와 조부모의 의도를 탓하는 건 아니다. 최선을 다한 행동이었지만 예전에는 오늘날과 잣대가 달랐을 뿐이다. 예전에는 자녀를 버릇없이 키우지 않는 것이 좋은 교육이었다. 당시 부모들은 자녀와의 관계에서 엄격했다. 어린아이가 고통을 호소하면 엄살이라고 여기기도 했다.

어른에게는 별일 아닌 일이 어린아이에게는 정서적 재앙일 수도 있다. 어린아이는 어른과는 완전히 다르게 환경을 인식하며, 감정을 처리하는 능력도 부족하기 때문이다. 아이가 고통받을 때 위로와 이해 없이 내버려두거나, 의도치 않게 상처를 주면 스트레스 반응이 나타날 수도 있다. 이는 뇌에 좋지 않은 변화를 일으켜 성년이 될 때까지 부정적인 영향을 미친다. 상처와 그로 인한 신념은 아이의 영혼에 깊이 새겨져, 어른이 되어서도 고통스러운 말이나 폭력적인 행동에 민감하게 반응하게 된다.

요약하자면, 어릴 때 충분히 품에 안겨 위로받지 못해서 여전히 울고 있는 내면 아이는 지금까지도 우리 삶에 영향을 미친다. 그러나 내면 아이가 덜 울게 하는 방법이 있다. 이 방법으로 내면 아이는 물론, 현재 우리가 지닌 감정까지 치유할 수 있다. 어린 마리의 이야기가 좋은 사례다.

여름 방학을 하루 앞두고 아홉 살짜리 마리는 여동생 비앙카와 학교 앞에서 만났다. 이모 엘사가 둘을 데리러 학교 앞에 왔다. 비앙카는 자랑스럽게 이모에게 성적표를 보여 주었다. 성적은 모두 우수했다. 마리는 나서지 않고 가만히 있었다. 마리는 국어와 수학 성적이 좋지 않았다. 마리의 성적표를 확인한 이모는 마음에 안 든다는 듯 고개를 저었다. 잠시 후 세 사람은 아이스크림 가게에 들렀고, 비앙카는 아이스크림 세 덩이를 주문했다. 마리 차례가 되자 이모는 다시 고개를 저었고, 마리는 아이스크림을 먹지 못했다.

"인생이 그런 거야. 노력하지 않으면 얻는 게 없어."

이날 밤, 마리는 잠자리에서 울고 말았다. 어린 마리의 영혼은 이 경험으로 상처를 입었다. 마리가 다른 아이들처럼 어른의 행동, 즉 이모의 행동을 당연시했기 때문에 생긴 상처다. 마리 눈에는 이모의 반응이 옳아 보였고, 이를 통해 마리의 신념이 굳어졌다.

"난 노력해 봤자 소용없어."

"뭔가 성취하고 성공해야만 가치 있는 사람이야. 나

를 있는 그대로 좋아해 주는 사람은 없어."

"난 혼자 고통을 견뎌야 해. 아무도 도와주지 않아. 날 이해해 주는 사람은 없어."

이런 신념은 성인이 될 때까지 마리 인생에 영향을 미쳤다. 예를 들어, 배우자가 직장에서 일 잘하는 여성 동료를 칭찬하면 마리는 숨이 막혔다. 갑자기 자신은 부족하고 사랑받지 못한다고 느꼈다. 마리는 예전의 그 아홉 살짜리 아이처럼 미숙하게 반응했다. 마리는 눈물을 삼키며 남편이 자신을 사랑하지 않는다고 비난하거나 깊이 상처 입은 채 방을 나갔다. 이 상황에서 마리는 다시 아홉 살짜리 아이로 돌아간 것이다. 그 이유가 뭘까?

사람들은 사랑과 인정을 먹고 사는데, 이것이 충족되지 않으면 성장할 수 없다. 그래서 어린 마리는 여전히 아이스크림 가게 앞에 서서 한 가지만을 바라고 있다. 사랑받고 받아들여져서 성장할 수 있기를.

내면에 해방되지 못한 어린아이가 있다면, 많은 세월이 지난 지금 이 아이의 성장을 위해 무엇을 할 수 있을지 생각해 보자.

LOVE MYSELF TIP

내면 아이를 치유하라

유년기에 입은 상처부터 살펴보자. 지금까지 삶에 큰 영향을 준 강력한 트라우마 경험이 있다면 전문적인 도움을 고려해야 한다. 그러나 정신적으로 충분히 강하다고 느끼면, 잠시 시간을 갖고 자신을 살펴본다.

- 유년 시절에 부정적이거나 불쾌하게 느꼈던 경험이 있는가? 처음 떠오르는 기억을 기록한다. 일단 한두 가지 상황이면 충분하다. 부정적인 경험을 애써 떠올릴 필요는 없다.
- 가장 먼저 떠오른 기억을 내면의 눈으로 그려 보자. 이 상황을 멀리 떨어져서 관찰자 시점으로 바라본다.
- 당신이 관찰하는 상처 입은 아이의 부정적인 감정이 먹지 못한 아이스크림, 형편없는 성적표, 또는 지금은 하찮게 보이는 일이라고 하더라도 당시 어린 나에게는 깊은 상처였다는 사실을 기억하라.

- 당시 어린 내가 위로받기 위해서 무엇이 필요했는지 물어보자. 포옹? 몇 마디 다정한 말? 안전하다는 느낌? 늘 사랑받고 있다는 사실? 보호해 주고, 이야기를 들어 주고, 든든하게 지켜 주는 사람?
- 이제 한 단계 더 나아가 상상 속에서 아이와 대화를 시작한다. 관심이 가는 질문들을 몇 가지 추려 아이에게 해 본다.
- 이후 아이가 가장 원하는 것을 해 준다. 예를 들면 아이를 품에 안아 준다. 당신이 이 아이를 얼마나 사랑하는지 속삭인다. 아주 멋지다고 말해 준다.
- 내면 아이가 많이 사랑받는다고 느껴서 다시 성장할 수 있을 때까지 이 연습을 자주 반복한다. 예를 들면 일주일에 한 번씩 두 달 정도 지속해 보자.

♥
LOVE MYSELF

4장

막다른 길에서 벗어나는 방법

> 매일 반복되는 하루가 따분한가요?
> 일상에 약간의 모험을 더하면 인생이 즐거워질 거예요.

출구가 없어 보이는 곳에서

'오늘 하루도 잘 살았나?'

최근 일을 마친 뒤, 지하철을 타고 집에 오면서 갑자기 떠오른 이상한 질문이다. 이 질문에 대답하기에 앞서 다른 승객들이 눈에 들어왔다. 지치고 피곤한 모습, 일부는 우울한 얼굴이었다. 어느 승객의 이마에 깊이 팬 주름에서는 분노가 느껴지는 듯했다. 한 여성은 마치 오늘 일을 모두 잊고 싶다는 듯 몇 번이고 심호흡을 했다.

승객들의 생각을 다 읽을 수는 없지만, '오늘 하루도 잘 살았나?'라는 질문에 다들 아니라고 대답할 것 같았다. 대부분 긴 노동 시간, 일상적인 어려움, 가족 문제나 끊임없는 스트레스 때문에 만족스러운 삶을 살아가기가 힘들다.

주변에는 좋은 격언들이 넘쳐 난다.

'당신의 꿈을 위해 매일 뭔가 하라.'

'오늘이 마지막 날인 것처럼 살아라.'

'당신이 원하는 삶을 살아라.'

그러나 이런 격언을 현실에 적용하는 방법은 별로 소개되지 않는다. 사람마다 행복한 삶에 대한 시각이 다르고, 각자 처한 상황이 다르니 당연한 일이다.

동기를 부여하는 이런 격언들은 절망적으로도 작용할 수 있다. 삶에서 최선을 다하고, 소망을 실현하고, 행복을 위해 날마다 적극적으로 살아야 한다고 다그치기 때문이다. 그러나 항상 시간이 부족하거나 매일 일상이 똑같이 돌아가고, 벗어나려 해도 온갖 장애물이 가로막고 있는 상황에서 격언을 실천하며 살기는 어렵다. 삶이 점점 올가미처럼 옥죄어 온다면 이런 격언들이 고통스러운 감정을 불러일으킬 수도 있다.

우리는 꿈과 동경이 있고, 만족스러운 삶을 살고 싶어

한다. 그러나 직장과 가정에서의 요구, 의무와 과제, 개인적인 문제들은 출구가 없어 보이는 막다른 길로 우리를 내몬다. 그래서 이런 결론을 내리게 된다.

- 하루가 다른 날과 별반 다르지 않다.
- 자신을 위한 시간이 거의 없다.
- 기대와 동경이 충족되지 않는다.
- 늘 같은 문제와 씨름한다.
- 꿈이 흐릿한 기억으로 변해 간다.
- 시간과 에너지 부족으로 목표를 항상 미룬다.
- 과제, 의무, 습관이 발목을 잡는다.

이는 열정과 기쁨으로 가득한 인생의 수레바퀴가 제대로 움직이지 못한다는 증거다. 그러나 다른 사람도 이런 문제를 겪고 있다는 점을 깨닫고, 몇 가지 의식적인 변화를 거치면 다시 인생의 수레바퀴가 움직이는 것을 느낄 수 있게 된다.

습관의 함정

몇 년 전, 내가 진행한 첫 세미나에서 한 참가자가 내게 말했다.

"당신은 평범하면서도 사랑스러운 사람이에요."

이 말에 무척 마음이 상한 나는 그다음 말은 제대로 듣지도 않았다. 내가 어떻게 '평범한' 사람이란 말인가? 어떻게 이 말을 모욕으로 받아들이지 않을 수 있을까? 대부분 사람들이 그렇듯 나도 '평범하다'는 말을 따분하고 재미없다는 소리로 받아들였다. 그 말이 얼마나 거슬렸던지 그 후 몇 주간은 평범함과는 거리가 멀게 살려고 애썼다. 매일 다른 식당에서 점심을 먹고, 다양한 운동을 즐기고, 여러 강연을 찾아다니고, 친구들 대신 일부러 평범하지 않은 사람들과 만났다. 몇 주 지나자, 나는 완전히 뻗어 버렸다. 스트레스가 쌓이고 온몸에 기가 다 빠진 느낌이었다. 그 이유가 뭘까?

사람에게는 습관이 필요하다. 습관은 보호받는 느낌과 안정감을 주고 긴장감도 해소한다. 습관이 없다면 우리 뇌는 계속 과도한 요구를 받게 된다. 양치질할 때도 수백 번 의도를 확인해야 한다.

"이제 치약을 짜고, 그다음에는 칫솔에 치약을 묻히자. 그런 다음 칫솔을 이쪽저쪽 이리저리 움직이자."

상당히 힘든 일이 될 것이다. 다행히 우리 뇌에는 반복적인 과정을 저장하고 그것을 필요할 때 다시 불러내는 능력이 있다. 그래서 양치질할 때마다 각 단계를 의식적으로 실행할 필요가 없다. 습관에는 몇 가지 장점이 있다. 익숙한 일과를 할 때는 한순간에 긴장이 풀리면서 행복해진다.

물론 부정적인 습관도 많다. 흡연, 건강하지 않은 식습관, 강박, 부정적인 생각, 나쁜 행동과 온갖 중독이 그

예다. 이런 습관들은 삶을 상당히 망가뜨릴 수도 있다. 더군다나 긍정적이든 부정적이든 지나친 습관은 불만족의 주요 원인이기도 하다. 소위 습관의 함정에 빠진다는 것은 삶이 판에 박힌 일과로 채워진다는 의미다.

알베르트 아인슈타인은 "항상 같은 일을 반복하면서 다른 결과를 기대하는 것은 미친 짓이다."라고 말했다. 계속 같은 일을 하면서 변화, 긍정적인 놀라움, 모험을 찾기는 힘들다.

내가 좋아하는 포도주가 있다. 그 포도주를 한 잔 마시면 긴장감이 풀리고 활력이 생긴다. 그런데 포도주를 계속 마시다 보면 처음에는 기분이 좋다가도, 다음 날 일어나면 머리가 지끈거리고 기분도 불쾌하다. 습관도 이와 비슷하다. 오늘 하루가 여느 날과 똑같이 흘러간다면, 장기적으로 행복감을 덜 느끼게 된다. 습관의 함정에 빠지면 다음과 같은 특징이 나타난다.

- 내적으로 공허한 느낌이 든다.
- 내 인생에는 아무 일도 일어나지 않는다고 생각한다.

- 열정이 부족하다.
- 가끔 다른 사람이 되고 싶다.
- 남에게 들려줄 흥미로운 이야기가 없다.
- 즐거움에 대한 기대가 없다.
- 무엇이 나를 행복하게 하는지 모른다.
- 변화에 대한 두려움이 생긴다.
- 스스로 뭔가 변화시키는 것이 두렵다.
- 소원과 목표가 별로 없다.
- 삶이 올가미라는 느낌이 든다.
- 반복되는 일과를 시행한다(여행지, 운동, TV 프로그램, 책, 대화 상대, 식당, 아침과 저녁 일과 등이 항상 같다).

이 중에서 해당하는 게 몇 개 있고, 자신의 삶이 만족스럽지 않다면 판에 박힌 일과 때문일 수도 있다. 한 번씩 행복을 느끼기 위해서는 변화와 습관을 적절히 섞어 줄 필요가 있다.

틀에 박힌 행동 방식도 마찬가지다. 사람은 나이가 들어도 얼마든지 변할 수 있다. 긍정적인 새로운 습관을 익히거나 개인적인 성장을 위해 변화할 때 주변 상황도 바뀌게 된다. 그럴 때 새로운 가능성이 열린다. 삶에 영감을 주는 재미있는 사람들을 알게 되고, 즐거운 취미와 활동을 찾아내고, 우리 안의 잠재력을 일깨우며 새로운 길을 개척할 수 있다.

이제 자신을 들여다보자. 내 삶은 얼마나 습관에 영향을 받는가? 나는 한결같고 틀에 박힌 사람인가? 습관의 함정에 빠져 있는가? 아니면 스스로 변화와 특별한 활동을 즐기는 모험가인가?

다음 사항이 인생에서 차지하는 비율을 생각해 보자.

- 일과와 습관 VS. 변화와 특별한 활동

어떤 결과든 모두 당신을 위한 선물이 숨겨져 있다. 건강하고 느긋하게 대책을 세워 인생을 더 편안하고 충만하게 할 수도 있고, 몇몇 일과와 습관을 포기함으로써 자신의 잠재력을 이용하고 삶의 기쁨을 높일 수도 있다.

LOVE MYSELF TIP

자신을 위한 인식의 선물

변화와 지속성, 틀에 박힌 일과와 모험을 적절히 배합하는 것은 우리 인생에서 중요한 일이다. 이때 참고할 만한 두 가지 효과적인 방법을 소개한다.

1. 습관을 최적화하라

- 스스로 마음에 들지 않는 습관이 있는가?
  (예를 들어 항상 긍정적으로 대답하는 것, 칭찬을 들으면 얼굴이 빨개지는 것, 소심해지는 것, 밤마다 초콜릿을 먹는 것 등)
- 버리고 싶은 습관을 하나 고른다.
- 오랜 습관을 버리는 건 쉽지 않으므로 긍정적인 습관으로 바꾸는 게 가장 좋다. 만약 금연하고 싶다면 담배가 생각날 때마다 목덜미를 마사지한다. 혹은 소심해질 것 같으면 눈을 감고 나무처럼 우뚝 솟은 자신의 모습을 그려 본다. 이렇게 긍정적인 습관으로 대체해 보자.

◆ 새로운 습관을 3주 정도 매일 몇 분씩 연습해 본다. 잠재의식에 새로운 것을 저장하려면 연습 시간이 필요하다. 예를 들어 힘을 실어 주는 긍정적인 문장을 매일 소리 내어 말해 보자.

2. 틀에 박힌 일과를 떨쳐 버려라

자신이 습관적인 사람임을 깨닫고 모험을 받아들이길 원한다면 다음 방법이 도움이 된다.

◆ 특별한 하루를 계획한다. 이날은 모든 것을 다르게 시도해 본다. 한번도 해 보지 않은 일을 한다. 집에서 하는 아침 식사 대신 외식을 택한다. 계단을 뒤로 걸어서 올라가 본다. 다른 길로 출근한다. 평소와는 다르게 옷을 입고, 전혀 듣지 않던 음악을 듣는다.
◆ 열정을 다시 되찾자! 일주일 정도 시간을 내어 새로운 흥밋거리를 찾아본다. 운동이나 폴 댄스 같은 것을 배울 수도 있다. 아니면 특별한 여행을 가는 계획을 세우거나 자원봉사를 하는 것도 좋다.
◆ 부정적인 습관 한 가지를 긍정적인 습관으로 바꿔 본다.
◆ 모험을 해 보자! 앞으로 6개월 동안 경험하고 싶은 것을

적어도 세 가지 생각해 본다. 생각만 해도 불안감이 느껴진다면 바로 그 모험을 시작할 때다. 예를 들어 도시 여행, 열풍선 타기, 연주회 가기, 썰매 타기, 디즈니랜드 방문하기, 번지 점프 도전하기, 잠수 배우기, 파티 계획하기 등이 있다.

- '변화의 일기장'을 쓴다. 변화된 습관과 관련해서 성공을 거둔 것을 모두 기록한다. 어떤 상황에서 틀에 박힌 일상을 성공적으로 떨쳐 버릴 수 있었는가? 몇 주가 지난 뒤, 자신이 얼마나 긍정적으로 변했는지 살펴본다.

원하는 것을 이루지 못할 때

실현되지 않은 소망과 목표는 누구에게나 있다. 매년 새해 목표나 계획을 세워 보지만, 소용이 없다. 여러 번 시도해 봤지만 실현되지 않은 소망은 아주 다양하다. 좋은 직장 구하기, 배우자와 관계 개선하기, 5킬로그램 감량하기, 꿈의 프로젝트 시작하기, 책 쓰기, 외국어 배우기, 사업 성공하기, 돈 많이 벌기처럼 말이다.

이런 목표를 달성하지 못할 때 종종 자신을 탓하게 된다. 물론 교육이 부족하거나, 자의식이나 끈기가 부족했을 수도 있다. 한편으로는 이런 질문을 하기도 한다.

'남들은 해내는데 왜 나는 못 할까?'

이런 질문에 답하기는 힘들다. 자기 비판적인 불평은 오히려 자신을 더 비참하게 만들 뿐이다. 이렇게 실패한 상황에서는 인식의 변화가 필요하다.

"목표를 달성하지 못한 까닭은 목표 자체가 잘못되었거나 그 목표를 이루기 위해 사용한 수단이 잘못되었기 때문이다."

다음 상황을 상상해 보자. 당신은 오래전부터 오스트리아 티롤 남부 지역을 여행하고 싶다는 소망을 품어 왔다. 이제 여행길에 올랐지만, 일주일이 지나서도 도착하지 못했다. 급행열차를 타는 대신 자전거나 마을버스를 타고 갔기 때문이다. 아니면 더 마음에 드는 곳이 있어서 갑자기 티롤 남부는 잊은 채 다른 장소에서 시간을 보냈을 수도 있다.

즉 목표에 도달하지 못한 이유는 잘못된 교통 수단을 이용했거나 목적지에 대한 열정이 식은 탓이다. 이런 논리를 실현되지 않은 소망이나 목표에 옮겨 보면 다음과 같은 방해 요소를 찾을 수 있다.

1. 잘못된 수단

목표에 도달하기 위해 지금까지 항상 같은 방법을 써 왔지만, 어쩌면 적절한 방법이 아니었을 수도 있다.

예를 들어 보자. 내 친구 마크는 오래전부터 근육질의 날씬한 몸매를 원했다. 그래서 달마다 헬스장에 등록했다. 그러나 곧 애초의 목표가 흐릿해지고 월 회비는 꼬박꼬박 내면서도 헬스장에 잘 가지 않았다.

작년 초에 마크는 전략을 바꾸었다. 권투를 시작한 것이다. 전체적인 근육 운동부터 정신 훈련까지 가능한 권투가 모든 면에서 마크를 사로잡았다. 그리고 작년 여름 무렵, 드디어 마크는 자신의 목표를 이룰 수 있었다.

안나의 예도 있다. 안나는 얼마 전부터 일상이 단조로워졌으나 변화에 대한 의지가 낮았다. 그러자 인간관계가 원만하지 못하게 되었다. 남편과 계속 다투게 되었고, 싸움거리가 끊이지 않았다.

"잘되면 계속하고, 잘 안 되면 다르게 해 보라."

이 격언에 따라 안나는 전략을 바꾸었다. 전문가의 도움을 받아 다른 대화법을 시도했다. 상황이 잘 안 풀리거나 막다른 길에 부딪쳤다는 생각이 들면 대안이 되는 다른 방법이 필요하다.

2. 잘못된 목표나 소망

목표나 소망이 자신에게 맞지 않을 수도 있다. 남이 부과한 목표나 소망일 때 이런 모습이 종종 나타난다. 사회적 기준 때문에, 집단에서 강요받아서, 가족이 요구해서, 자신의 지위 때문에 목표를 갖게 되는 것이다. 너무 오래된 소망인 경우에도 이제는 맞지 않을 수 있다. 그러나 간절한 소망이라면 대개 열정과 기쁨이 동반하기 때문에 스스로 장애물을 극복할 수 있다.

어쨌든 막다른 길이 우리에게 주는 분명한 메시지가 있다. 메시지를 무시하지 않으면 그 안에 숨겨진 선물을 발견할 수 있다. 그 선물은 행복을 찾으려면 빨리 방법이나 목표를 바꾸라고 솔직하게 알려 준다.

바로 이런 막다른 길이 2년 전, 나를 작가의 길로 이끌었다. 한때 나는 학위를 받아야만 성공할 수 있다고 생각했다. 그래서 직장 생활을 하면서 계속 야간 학교에

다녔다. 그러나 자격증과 학위는 직업적 성공에는 큰 도움이 되지 않았다. 대신 중압감으로 계속 피로감만 쌓이고 활력을 잃었다.

그중 마지막 교육 과정은 얼마나 힘들었던지 매일 밤 책과 씨름해야 했다. 그래도 난생처음 시험에 떨어지면서 내게 필요한 건 교육이 아니라는 메시지를 얻었다. 어떤 즐거움이나 흥미도 느끼지 못하는 교육을 듣는 대신, 다시 자유를 얻었고 그 후로 나의 가장 큰 열정인 글쓰기에 전념하게 되었다.

3. 막다른 길의 여러 요소

바라는 것을 이루지 못하는 이유에는 여러 요소가 더 있다.

- **주변 사람들**

  주변 사람들은 대부분 우리가 변하는 것을 반기지 않는다. 이들은 우리에게 익숙하고, 현재 상태를 편안해한다. 우리가 태도와 행동을 바꾸면, 이 변화와 직접 연관이 있는 사람들은 위협을 느낀다. 그래서 의식적으로든 무의식적으로든 우리가 새로운 길을 개척하거나 습관을 버리지 못하도록 종종 방해한다.

- **시간 부족**

  깨어 있는 시간 대부분은 직장일, 집안일, 요리, 육아, 개인위생, 약속이 차지한다. 이 말은 '소망과 목표'라는 비교적 사치스러운 계획을 위한 시간이 별로 없다는 의미다.

- **변화의 어려움**

  변화 초기에는 연습이 필요하다. 새로운 습관이 몸에 배기까지는 시간이 걸린다. 그 후에야 소망과 목표 달성으로 가는 단계가 수월해진다. 이런 이유로 종종 초반에 실패를 겪게 된다. 내 안의 악마가 옛 습관대로 살라고 부추기기 때문이다.

이러한 요소 중에 자신에게 해당하는 것이 있는가? 있다면 표시해 두고, 막다른 길에 부딪쳤다고 느낄 때마다 살펴보자.

LOVE MYSELF TIP

막다른 길에서 벗어나자

- 원하는 변화나 목표를 간직하라! 이를 위해 그 변화나 목표를 글로 써 두자. 글로 써 두면 잠재의식에 더 깊이 새겨지기 때문이다.
- 소망이나 목표를 생각하면 기쁨으로 심장이 뛰는가? 눈을 감고 소망을 성취하거나 목표를 달성하는 모습을 생각해 보자. 감정이 얼마나 강렬한가? 이 감정이 머리부터 발끝까지 기쁨으로 채워 주는가? 그 기쁨을 1에서 100까지 점수로 매겨 보자. 100은 완전한 기쁨을 의미한다. 결과가 50점 이하라면 용기를 내어 소망을 포기하는 게 좋다.
- "잘되면 계속하고, 잘 안 되면 다르게 해 보라." 이 문장을 기억하자. 지금까지의 접근 방식을 살펴보고 목표를 달성하거나 소망을 실현하는 데 도움이 되는 대안을 찾아본다.

- 일주일에 한 번씩 자신만의 일정을 만들자. 이 시간을 이용해서 목표와 단계를 구체화한다.
- 당분간 자신의 계획을 주변에 알리지 않는다. 그래야 누구도 방해하지 못한다. 물론 당신을 온전히 지지하는 사람에게는 털어놓아도 괜찮다.

기대감이 충족되지 않으면 살펴볼 것

"난 이제 아무것도 기대하지 않을 거예요."

나에게 상담을 받는 지그린데가 단호하게 말했다. 얼굴에는 좌절감이 어려 있었다. 7년째 마케팅 부서에서 일하는 지그린데는 몇 주 전 팀장으로 승진할 것이라고 확신했지만 씁쓸한 실망감만 맛보게 되었다. 나이도 어리고 경험도 적은 동료가 팀장으로 승진했기 때문이다.

더군다나 오래 기다려 왔던 휴가도 엉망이 되어 버렸다. 호텔은 지그린데를 설레게 했던 홈페이지 사진과는 완전히 딴판이었다. 이미 엉망이 된 여행에서도 최악의 상황은 남아 있었다. 그의 배우자 외르크는 사전에 아무

것도 준비해 두지 않았다. 그란카나리아에 도착해 보니 여행 가이드도 렌터카도 준비되어 있지 않았다. 그래도 외르크가 긴장을 풀어 주면서 다정하게 자신을 위로해 줄 줄 알았다. 그러나 외르크는 멍하니 넋이 나간 채 시간을 보냈고, 매일 잠만 잤다. 지그린데는 기대감이 무너져 내리면서 실망하고 말았다.

사람들은 이런 고통스러운 감정을 잘 안다. 크고 작은 소망이나 욕구 충족을 타인에게 투사할 때 대개 이런 감정이 생긴다. 특히 가까운 사람들이 대상이 되는 경우가 많다. 이런 기대감은 다음과 같이 나타난다.

- 소중하고 사랑받는다는 느낌이 들도록 배우자가 특별한 대우를 해 주길 기대한다.
- 가족의 지지를 기대한다(특히 힘든 시기에).
- 자녀들이 고마움을 표시해 주기를 기대한다.
- 기념일에 사랑하는 사람의 축하와 선물을 기대한다.
- 특정 상황에서는 배우자가 내 말 속에 담긴 의미를 알아채길 기대한다.

- 스트레스를 받을 때 친한 친구가 곁에 있어 주기를 기대한다.
- 자신의 업적이 존중받고 인정받기를 기대한다.
- 특별한 성공에 대한 보상을 기대한다.
- 예쁘게 꾸몄을 때 칭찬을 기대한다.
- 힘들 때 누군가 곁에 있어 주기를 기대한다.
- 배우자가 내 소망을 채워 주기를 기대한다.

아무것도 기대하지 않으면 충족되지 않은 기대감 때문에 고통받지도 않을 것이다. 그러면 쓰디쓴 실망감 대신 깜짝 놀랄 일만 있을지도 모른다. 그러나 그렇게 간단한 문제가 아니다. 기대감은 우리 삶의 중요한 요소이기 때문이다. 예측 가능한 추측과 희망은 소망이나 동경으로 발전하는 경향이 있다. 기대감이 없다는 것은 소망이 없다는 뜻일 수도 있다. 소망과 꿈이 없다면 인생에서 순식간에 마법 같은 놀라운 일이 사라지고 말 것이다. 소망 외에도 기본적인 욕구가 기대감으로 바뀔 수 있다.

한마디로 기대감은 피할 수 없다. 하지만 소망과 욕구를 타인에게 투사하는 그러한 기대감은 낮춰야만 한다. 이를 낮추고 실망감을 차단해야 자율성을 회복할 수 있다. 타인에게 온전히 기대하면 자신의 행복, 기쁨, 자존감을 그에게 맡기는 것이다. 그러면 그의 행동에 따라 희생자가 된다. 그러나 기대를 하고 실망을 하면서도 삶을 가볍게 해 줄 수 있는 방법들이 있다.

1. 스스로 해결하기

우리가 지닌 기대감은 주로 욕구와 마음 상태와 관련이 있다. 예를 들어 정신적으로 힘들 때, 마음이 불편해지고 자기 회의감이 들면서 주변 사람들의 특별한 보살핌을 기대한다. 누군가 내게 주의를 기울여 주고, 특별히 이해하고 다정하게 대해 주기를 바란다. 그래서 사랑, 관심, 위로를 바라는 우리 안의 욕구를 잠재우고 싶어 한다. 특별한 일을 해냈을 때는 인정도 받고 싶다. 이때도 사랑하는 사람들의 반응이 중요하다. 그러나 사랑하는 사람들이 별다른 반응을 보이지 않거나 심지어 욕구를 무시하면 실망이 커지면서 상황이 나빠진다.

이런 기대감을 자세히 살펴보면 우리에게 무엇이 필요한지 분명해진다. 사소한 장애물이 내 안에서 자기 회의라는 괴물을 일깨우면, 이에 대한 처방으로 인정 욕구가 생긴다.

이때 자신을 안아 주면서 마음속 신뢰감을 높이는 정신 훈련에 들어가는 게 좋다. 지금까지 거둔 성공을 모두 기록하거나 나의 장점들을 생각해 보자. 그러면 인정 욕구가 잠재워지면서 주변 사람들의 호의에 매달리지 않아도 된다. 특정 기대감 뒤에 어떤 욕구가 있는지 인식하면 조금 더 자유로워질 수 있다.

2. 기대감 포장하기

일부 기대감은 어쩔 수 없이 주변 사람들의 행복과 관련된다. 결혼과 출산, 승진, 힘든 프로젝트를 수행하거나 협업해서 일할 때 등을 예로 들 수 있다. 이때는 기대감을 너무 높게 잡으면 안 된다.

정신과 의사인 프리츠 펄스는 이렇게 말했다.

"나는 다른 사람의 기대감을 충족하려고 존재하는 게 아니다. 마찬가지로 다른 사람도 내 기대감을 충족하려고 존재하는 게 아니다."

기대감에 적절히 대응하는 건 그리 간단한 일이 아니다. 기대감은 때로 강요와 속박과 연결된다. 소망의 경우는 그 반대다. 상대방의 소망을 충족시키는 건 즐거운 일이다. 따라서 기대감을 소망으로 잘 포장해서 상대방이 자유롭게 선택할 수 있도록 해 준다는 유쾌한 기분을 갖는 게 좋다.

3. 잘못된 선물

충족될 수 없는 기대감도 많다. 과거의 모든 기대가 충족되었다면 현재 인생도 완전히 달라졌을 것이다. 나는 스물여덟 살 때 지원한 회사에서 불합격 통보를 받았다. 그때 실망감은 이루 말할 수 없었다. 당시 내 조건은 그 회사에 적합하다고 보였다.

그러다가 내 선택이 잘못이었고, 어쩌면 불합격이 내게는 선물일지 모른다는 생각이 문득 들었다. 어떤 미래가 날 기다리는지 모르지만, 인생이 내게 더 좋은 것을 마련해 주리라고 믿었다. 그리고 실제로 그렇게 되었다. 인생은 내가 꿈꾸던 작가, 블로거, 심리 상담 전문가로 만들어 주었다.

기대감이 실망으로 바뀔 때는 자신에 대한 신뢰감을 잃지 말고 새롭게 인생에 도전해 보는 것도 좋다.

LOVE MYSELF TIP

스스로 기대감을 해결하라
자신의 기대감 뒤에 어떤 욕구와 바람이 숨어 있는지 살펴보고, 이를 스스로 해결해 보자.

- 인생에서 계속 실망으로 바뀌는 기대감이 있는가? 과거를 돌아보고, 계속 실망감이 반복된다면 그 뒤에 어떤 기대감이 있었는지 살펴본다.
- 이제 자신의 기대감을 더 자세히 살펴보며 질문한다. '이 기대감이 충족된다면 어떤 기분이 들까? 어떤 바람이나 욕구가 내 안에서 잠재워질 수 있을까? 예를 들면 내가 조건 없이 받아들여지고, 존중과 관심을 더 많이 받고, 의견이 모두의 동의를 얻고, 능력과 재능이 인정받을 수 있을까?'
- 이런 욕구는 스스로 충족시킬 수 있다. 다른 사람을 원망하는 대신, 자신에게 집중하며 자신의 에너지를 사용하자.

- 욕구를 스스로 해결할 방법을 찾아본다. 예를 들면 자기애를 갖고, 자신의 장점과 능력을 인식한다. 자신의 성과를 되돌아보고 평가한다. 자신에게 관대하게 대한다. 긴장을 완화해서 스스로 안정감을 느낀다. 특히 뭔가 잘했거나 힘든 일에도 포기하지 않았을 때 자신에게 보상을 해 준다. 자존감을 높여 주는 책이나 글을 읽는다. 좋아하는 음식을 요리하고 맛있게 즐긴다.

♥
LOVE MYSELF

5장

위기는
누구에게나 찾아온다

"

당신의 행복을 방해하는 것은 무엇인가요?
누구도 당신이 행복해지는 일을 막을 수 없어요.

"

인생의 위기가 주는 선물

위기는 대개 느닷없이 찾아와 우리를 쓰러뜨린다. 고통과 절망, 두려움과 함께 인생의 가장 소중한 것들을 무자비하게 집어삼킨다.

인생의 위기라는 괴물이 이혼, 질병, 실직의 모습으로 나타나면 처음에는 긍정적으로 생각하기 힘들다. 모든 위기에는 거쳐야 하는 특정한 단계와 주기가 있다. 인생의 위기가 시작되면 처음에는 무기력감을 느낀다. 마치 누군가 우리 인생의 핸들을 가로채서 원치 않는 방향으로 몰고 가는 느낌이다. 인생을 망치려 드는 괴물을 떨쳐 내려고 애쓰는 건 당연하다. 위기 초반에는 이를 막을 방법을 찾는다. 사실을 인정하려 들지 않고 계속 희망을 품는다. 또는 우리의 실망, 질병, 직장에서의 어려움, 금전 문제를 말끔히 해결해 줄 외부 조력자를 찾아 의지한다.

제3자 눈에는 뚜렷이 보이는 위기를 당사자는 수많은 고통의 날들을 겪고 나서야 깨닫는 경우도 종종 있다. 이때는 '위기는 기회'라는 말도 별 도움이 안 된다. 당사자 외에는 누구도 위기가 얼마나 심각한지 그 정도를 이해하고 공감할 수 없기 때문이다. 우리가 지닌 불안, 절망, 실망, 분노, 고통에는 이런 단계가 필요하다. 먼저 모든 감정을 제대로 느껴야 한다. 치유를 위해 방출하는 에너지가 감정이기 때문에, 감정을 억누르면 조만간 상황이 악화되고 만다. 감정을 수용해서 다 쏟아 내고 나면 긍정적인 특성으로 바뀔 수 있다.

위기의 둘째 단계에서는 대개 고통스러운 감정이 약간 누그러진다. 이때 다시 싸움을 시작하면서 위기 괴물을 깨우는 사람들이 많다. 그러나 이런 감정을 다시 떨쳐 내고, 무거운 마음의 짐을 받아들이는 사람도 있다.

그러면 괴물은 긴장을 풀기 시작한다. 괴물은 운전석에 편히 기대앉아 편안하게 우리와 수다도 떤다. 우리도 처음에는 괴물이 상당히 못마땅했지만 이제 그리 나쁜 녀석이 아니라는 걸 깨닫는다. 괴물은 우리에게 좋은 질문을 던지고, 우리 의견과 평안에 관심을 보이며, 과거의 일을 새로운 관점으로 보도록 해 준다. 그리고 우리 행동을 그대로 투영해서 보여 주고, 갑자기 나타난 삶의 교차로를 잘 인식하도록 도와준다.

이때 우리가 괴물과 우정을 맺게 되면 괴물은 아주 멋진 조언자로 바뀐다. 인생의 핸들은 계속 괴물이 잡고 있지만, 우리에게 긍정적인 영향을 준다. 이 괴물이 우리에게 주는 선물은 다음과 같다.

- 습관에서 벗어나 다시 의식적이고 신중한 태도로 살게 한다.
- 잠시 멈추고 곰곰이 생각하게 한다.
- 머리를 깨끗이 비워서 삶을 다시 새롭게 살게 한다.
- 인생에서 정말 중요한 것을 상기시킨다.

- 주변 사람들과의 관계를 돈독하게 한다.
- 우리가 가진 것에 감사하도록 가르친다.
- 우리가 전혀 생각하지 못할 해결책을 제시한다.
- 마음의 소망을 다시 일깨우도록 돕는다.
- 우리가 자신의 장점에 집중하게 한다.

어느 순간 갑자기 괴물이 오른쪽으로 방향을 틀어 흔적도 없이 사라진다. 우리는 당황한 채 운전석을 쳐다보지만 열린 문밖에 보이지 않는다. 이제 다시 핸들을 잡게 된 우리는 합리적인 생각, 새로운 아이디어, 감사, 자기 신뢰, 즐거움을 얻는다.

이렇게 해서 위기가 지나면 다들 행복해진다. 그러나 현실에서는 단계별로 위기를 겪고 해피엔딩을 맞기가 항상 쉽지만은 않다. 곳곳에 놓인 장애물은 우리를 걱정과 고통, 위태로운 상황으로 몰아넣는다. 그게 누구 탓인가에 대한 질문은 여전히 남아 있다. 인생의 위기가 스스로를 제대로 돌보지 않아서 또는 잘못된 길로 들어선 게 원인이라면 자신의 탓일 수도 있다. 사회도 그 책임을 당사자에게 돌리려는 경향이 있다. 예를 들어 병에 걸리는 이유는 제대로 건강을 챙기지 못했거나 너무 과로했기 때문이며, 배우자에게 배신을 당하는 건 자존감이 너무 낮기 때문이며, 사업에 실패한 이유는 잘못된 결정을 내렸거나 사업 감각이 없기 때문이라고 보는 식이다.

이런 추론이 그럴듯하게 들리고, 아주 조금은 진실이라고 해서 인생의 위기를 모두 자기 탓으로 돌릴 수는 없다. 위기를 과거에 했던 행동의 벌이라고 여겨서도 안 된다. 이는 앞으로 더 잘해야 한다는 의미가 아니다. 삶은 다양한 방법으로 우리가 다시 깨닫고 새로 시작할 수 있게 해 준다. 위기를 우리 탓으로 돌릴 수 있는 사람은 없다.

이제 다시 위기의 선물로 돌아가 보자. 위기는 누구에게나 찾아온다. 그러나 위기를 극복하고 나면 선물이 기다리고 있다.

이별과 이혼이 남기는 것

 가끔 애틋하게 과거를 되돌아보며, 한때 인생길에서 만나 의미 있는 관계를 맺었다가 헤어진 사람들을 떠올리는가? 나는 종종 그렇게 한다. 예전에는 이별의 아픔이 다시 생각나 눈물을 흘리기도 했다. 그러나 요즘에는 따뜻한 감사의 마음이 든다. 한때 내 인생에 들어왔다가 떠난 사람들이 나의 성장을 위한 선물이었다고 확신하기 때문이다. 단지 옛사랑뿐만 아니라 학창 시절 친구, 여행지에서 알게 된 사람, 한때 삶의 방향을 제시해 주었던 멘토, 옛 직장 동료, 한동안 관계가 멀어졌던 친구들 모두 마찬가지다.

이별이 항상 상대방 때문에 이루어지는 건 아니다. 때로는 내 쪽에서 먼저 관계를 끊을 때도 있다. 그럴 때도 이들이 우리 인생에 들어온 이유는 있을 것이다. 바로 그 이유가 이별을 통해 얻게 되는 선물을 인식하게 해준다. 우선 이별의 다양한 형태부터 살펴보자.

1. 우정이 깨질 때

우정이나 정서적 연대감은 주로 비슷한 정서, 관심사나 목표가 같은 사람들 사이에서 생긴다. 학업, 취업과 이직, 결혼과 가정 꾸리기 등 삶의 단계가 비슷할 때도 마찬가지다. 정서적 연대감은 종종 '냄비와 뚜껑 원리'로 설명된다. 한쪽에서 도움이 필요할 때 다른 쪽이 기꺼이 도움을 제공하고, 둘은 일정 기간 힘을 얻게 된다.

공동의 주제와 정서적 욕구가 서로를 만나게 했듯이 변화가 생기면 다시 헤어질 수도 있다. 이사, 이직, 결혼, 교육, 새로운 관심사 등이 그 예다. 또 때로는 우리 자신이 그냥 변하기도 하고, 인생관이 바뀌거나 지금보다 더 의식적이고 발전적인 길을 선택할 수도 있다.

이런 이별을 선택한 당사자는 대개 아주 잘 견뎌 낸다. 그러나 자신이 거부를 당한 쪽이라면 마음이 상당히 움츠러든다. 하지만 우정이 깨진 이유가 상대방의 삶에 변화가 생겼기 때문이라는 걸 알게 된다면 거부를 당했어도 잘 극복할 수 있다.

　오랫동안 우정을 유지한 경우에는 금방 헤어지지 않고 잠시 거리를 두게 된다. 그러한 우정은 사이가 좋아질 여지가 있다. 그리고 때가 되면 삶의 가치가 다시 일치하리라는 믿음이 있다. 내게도 그런 경험이 있다. 몇 달 또는 몇 년이 지나 다시 만난 친구에게 갑자기 서로를 연결하는 끈이 느껴지기도 했다.

　그러나 많은 사람이 인생의 어느 시기에 그저 머물러 있다. 마치 누군가가 우리를 버스 정류장에 세워 놓기라도 한 것 같다. 이런 경험은 우리에게 새로운 기회를 준다. 자신을 새롭게 발견하고 영감을 얻는 시간을 가질 수 있기 때문이다. 또한 개인적으로 성장하기 위한 새로운 관심사와 시간도 더 많이 가질 수 있다.

2. 연인 관계가 끝날 때

연인 관계가 실패하면 늘 고통이 뒤따른다. 자신이 헤어지기를 원하는 쪽이든, 아니면 버림받는 쪽이든 상관없다. 사랑하는 사람, 함께했던 일들, 미래의 꿈을 떠나보내는 건 가슴 아픈 경험이다.

이때 상처의 정도에도 많은 차이가 있다. 좋은 관계에서 헤어지면 대개 고통이 빨리 아물면서 함께한 기억을 좋은 추억으로 간직하게 된다. 그러나 버림받고 냉정한 거부를 경험하거나 갈등, 모욕, 실망, 불신 또는 외도로 헤어지는 경우 상처는 훨씬 크고 여운도 오래 남는다. 코넬 대학에서 한 연구를 보면, 가장 고통스러운 이별의 원인으로 배우자에게 속은 경우가 꼽혔다. 이런 이별 방식은 가장 아픈 상처를 건드리는 것이다.

어린 아기에게 모유가 필요하듯이 우리도 살기 위해 사랑과 보호가 필요하다. 우리가 갈망하는 사랑을 배우자가 다른 사람에게 베풀 때 극심한 고통과 불안이 따른다. 이는 우리 안에 사랑의 공백이 크게 자리한다는 증거다. 이런 갈망을 잠재우려면 자기애가 필요하다. 고통스러운 이별을 통해서도 자기애와 자기 수용의 길로 들어설 수 있다.

고통스러운 이별의 원인과 상처는 우리가 지닌 문제점을 잘 드러내 준다. 나에게 상담을 받으러 온 루이사가 좋은 예다. 7년 동안 연인 관계였던 막스가 느닷없이 루이사에게 이별을 고했다. 둘의 관계는 이미 오래전부터 멀어져 있었다.

"그 사람은 날 형편없이 취급했어요. 날 무시하거나 조롱했죠. 나를 배려한 적이 없어요. 늘 자신이 우선이었어요. 내가 아플 때조차도 말이죠. 그 사람 때문에 나는 다른 사람도 신뢰할 수 없게 되었어요. 얼마나 날 자주 속였던지 이제 난 누구도 믿을 수가 없어요."

나는 루이사의 말을 주의 깊게 들으면서 막스가 루이사에게 한 행동을 모두 기록했다.

- 막스는 루이사를 진지하게 대하지 않고 무례했다.
- 막스는 루이사를 신경 쓰지 않고 자신을 우선시했다.
- 막스 때문에 루이사는 다른 사람에 대한 신뢰감이

무너졌다.

그 후 이루어진 상담에서 기록한 내용을 루이사와 함께 검토했다. 나는 막스의 행동이 루이사의 개인적인 성장과 새 행복을 위한 발판이 되었는지 궁금했다. 그리고 상담을 통해 루이사가 이미 오래전부터 자신을 함부로 대해 왔다는 걸 알아냈다.

- 루이사는 자기 의견이 중요하거나, 또는 다른 사람의 의견만큼 가치가 있다고 여기지 않았다.
- 루이사는 자신이 뭘 원하는지 주의를 기울이지 않았고, 몸에 질병의 징후가 뚜렷이 나타나도 심각하게 받아들이지 않았다.
- 루이사는 다른 사람을 신뢰하지 않았고, 자신도 믿지 않았다.

"내가 나한테 하듯 막스도 똑같이 날 대했는데, 그게 가장 마음이 아팠어요."

이런 인식에 이르자 루이사는 빠르게 변화했다. 자의식을 높이고 다시 자신을 신뢰하는 법을 배웠다. 자기 욕구를 진지하게 받아들이고 충족시킬 계획도 세웠다.

이별로 이어지는 고통스러운 경험, 실망, 모욕은 자신의 태도를 돌아보고 자신에게 무의식적으로 가하는 고통을 마주하게 한다. 이 인식을 자신에 대한 욕구로 이해할 때 개인적으로 크게 성장할 수 있다. 자신을 스스로 돌보아야 사랑과 연인 관계도 치유될 수 있다.

3. 죽음, 영원한 이별

모든 이별 중에 가장 힘든 이별은 죽음이다. 누구나 언젠가는 마주하게 될 시련이다. 죽음은 가차 없이, 때로는 예고도 없이 우리와 사랑하는 사람을 영원히 갈라놓는다. 사랑하는 사람을 잃게 되면 당연히 인생의 선물은 생각할 수 없다. 우선 슬픔부터 느끼기 마련이다.

죽음으로 인한 고통은 모든 감정을 허용하고 경험해야 가장 잘 치유된다. 물론 시간이 필요하다. 시간이 지나면서 힘든 시기에 곁에 있는 사람들이 얼마나 소중한지 경험하고 인식할 수 있다. 그제야 사람들과 함께할 시간이 더 소중하고 가치 있게 여겨진다.

사랑하는 사람에게 받은 수많은 인간적인 선물과 추억은 누구도 앗아 갈 수 없다. 이런 추억은 슬픔의 단계가 어느 정도 지났을 때 특히 위로를 준다. 내가 좋아하는 문구가 있다.

"지나간 시절을 슬퍼하지 말고, 그 시절을 경험할 수 있었음을 기뻐하라."

죽음은 몹시 슬프지만, 삶의 가장 중요한 원칙인 허무함을 우리에게 가르쳐 준다. 모든 순간은 한 번뿐이며 다시는 돌아오지 않는다. 죽음이 우리에게 어떤 모습으로 다가오든 간에 삶을 의식적으로 꾸려 나가고 스스로 행복해지기 위해 노력해야 한다.

이별을 통해 얻는 선물

갈림길이 나올 때, 가야 할 길을 평탄하고 수월하게

해 주는 인식의 선물을 받는 경우가 있다. 이 선물은 받기까지 약간 시간이 걸리므로 이별 초기에는 긍정적인 경험을 하기가 힘들다. 그러나 얼마간 시간이 흘러 인식이 생기면, 큰 지도가 눈앞에 펼쳐지는 듯한 경험을 하게 된다. 그 지도에는 우리가 지금까지 지나온 길만 표시된 게 아니라 다른 많은 길도 그려져 있다.

  나중에 생각해 보면 장애물이 관계의 길을 막아 주었다는 사실을 알고 기뻐하기도 한다. 그렇지 않았다면 새로운 행복의 길을 발견하지 못했을 수도 있다. 그러나 그것만으로는 충분하지 않다. 이제 이별이 남기는 선물을 살펴보자.

- 자신을 사랑하고 힘든 시기에 함께해 준 사람들의 소중함을 더 잘 알게 된다.
- 삶이란 오고 가는 것이며, 이런 반복을 통해 자신과 인생을 변화시킬 기회를 얻는다.
- 삶이 적절한 때에 적절한 사람들을 보내 준다는 믿음이 생긴다.

- 자신의 참된 욕구와 이를 스스로 해결하는 능력을 깨닫게 된다.
- 사랑하는 이들과 보내는 시간을 의식적으로 즐기고 현재를 사는 법을 배운다.
- 누구도 자신의 추억과 그 가치를 앗아 가지 못한다는 걸 깨닫는다.
- 이별을 해서 한쪽 문이 닫히면 항상 다른 문이 열린다는 걸 경험한다.

LOVE MYSELF TIP

나에게 소중했던 사람들을 떠올려라

지금까지 자신의 인생에 중요한 역할을 했던 사람들을 생각해 보고, 종이에 그들의 이름을 모두 적어 보자. 각 이름 옆에는 그 사람이 남긴 선물을 써 본다.

다음 질문은 선물을 찾는 데 도움이 된다. 그 사람에게 어울리는 질문을 한두 가지 골라 대답해 보자.

- 내게 무엇을 가져다주었는가?
- 내게 어떤 가르침을 주었는가?
- 내게 어떤 잊지 못할 경험을 주었는가?
- 어떤 점에서 내게 힘을 실어 주고 평가하고 칭찬해 주었는가?
- 내 안의 어떤 능력과 특성을 일깨워 주었는가?
- 내가 무엇을 인식하고 이해하게 해 주었는가?
- 내 인생에 어떤 변화를 가져왔는가?

대답을 떠올리다 보면 이들이 남긴 선물을 인식하게 된다. 이별의 이유와 방식은 중요하지 않다. 이들과 함께한 시간이 없었다면 지금 내 모습도 없을 것이다.

실패가 성공을 만드는 이유

 실패는 아무나 하는 게 아니다. 실패는 자기 생각대로 인생을 의식적으로 꾸려 가는 사람에게 주어지는 특권이다. 이와 달리 자기 인생을 영화처럼 관람만 하는 사람은 넘어질 일이 없다. 그런 사람에게는 감독 자리도 주어지지 않는다. 주변 사람들이 기회를 잡고 인생의 각본을 직접 써 내려가는 주인공이 되는 모습을 그저 지켜보아야 한다. 그래서 나는 실패를 두둔하며 실패에 도전하라고 동기를 부여하고 싶다. 이미 몇 번 실패를 감수했다면, 이제 새로운 안목으로 실패를 바라보도록 영감을 주고자 한다.

실패는 성공을 위한 가장 중요한 전제 조건이다. 누구나 실패를 경험하면서 변화한다. 실패의 경험은 저항력을 키우고 성장하게 한다. 능력을 발전시키고, 새로운 전략을 짜고, 해법을 개선하고, 사고방식을 유연하게 하고, 영역을 확장하고, 아이디어와 목표를 다듬게 되는 것이다. 실패를 경험할 때마다 더 나은 자신이 되어 간다. 성공한 많은 사람이 이 이론을 입증한다.

- 월트 디즈니는 학창 시절에 창의성이 요구되는 과목에서 형편없는 성적을 받았다. 신문사에서는 아이디어 부족으로 해고되었다. 그 후 302번이나 거절당한 끝에 디즈니랜드에 투자받을 수 있었다.
- 헨리 포드는 다섯 번 파산한 끝에 세계적인 성공을 거두었다.
- 독일의 클레어노어 스틴즈는 자동차 경주에서 참가 자격을 얻기 위해 몇 년간 투쟁했다. 그리고 1927년에 여성 최초로 자동차로 세계 일주에 성공해 유럽에서 가장 훌륭한 자동차 경주 선수가 되었다.

- '샌더스 대령'으로 잘 알려진 할랜드 데이비드 샌더스는 1009번 실패한 끝에 '켄터키 프라이드 치킨' 사업의 투자 유치에 성공했다.
- 러시아의 알렉산드라 콜론타이는 여성 해방 운동에 투신했다. 1917년에 시위 중 체포되었다가, 후에 세계 최초로 여성 외교관이 되었다.
- 토머스 에디슨은 10,000번 실패한 끝에 전구 발명에 성공했다.

실패는 성공의 전 단계다. 이는 유명인에게만 해당하는 말이 아니다. 오랜 내 친구 마르쿠스 역시 실패 전문가다. 그와 이야기를 하다 보면 실패담이 줄줄이 나온다. 마르쿠스는 지금까지 네 가지 다른 직업을 가졌고, 정규직은 여섯 번, 창업은 두 번 시도했다. 직업을 바꾸거나 자영업을 시작할 때마다 기대감과 기쁨으로 들떴다. 물론 한편으로는 실패에 대한 두려움도 있었다. 이런 상황은 늘 반복되었다. 나는 가끔 마르쿠스에게 다시 일어설 힘을 어떻게 얻는지 물었다. 그는 직업뿐만 아니라 연애 문제에서도 실패를 겪었기 때문이다. 마르쿠스는 현재의 아내에게 두 번 청혼한 끝에 결혼에 성공했다. 현재 마르쿠스와 셀리나는 7년째 행복한 결혼 생활을 하고 있다.

그는 직업에서 했던 실패를 경험 삼아, 현재 회사 두 곳을 운영하면서 젊은 사업가들의 꿈을 지원하는 강연도 하고 있다. 마르쿠스는 늘 이렇게 말한다.

"실패를 두려워하지 마라. 실패는 내게 일어난 일 중에서 단연 최고다."

그가 이런 말을 하는 이유는 실패가 참된 선물이기 때문이다. 실패를 통해 얻게 되는 다섯 가지 혜택이 있다.

1. 자신을 위한 최선의 길을 찾게 된다

실패를 통해 자신이 하는 일이 옳은지 인식할 수 있다. 시도해 보지 않으면 자신에게 참된 기쁨과 만족을 주는 일인지 알 수 없기 때문이다. 예를 들어 가수를 꿈꾸면서 오디션에 참가하지 않는다면 평생 가수를 동경만 하게 된다. 반대로 도전해서 실패를 경험하면 무대 대신 집에서만 노래하기로 마음먹게 된다. 실패를 통해 자신의 소망을 조율할 수 있다.

2. 더 나은 자신이 된다

모든 사람은 실패를 겪을 때마다 조금씩 성장해 나간다. 나도 작가가 되는 길에서 몇 번 실패를 감수해야 했다. 그러나 그 덕분에 글의 문체와 주제, 그리고 생각을 계속 발전시킬 수 있었다. 만약 실패를 그냥 지나쳤다면 난 지금도 조용한 골방에서 짧은 글이나 끄적거리고 있을 것이다.

실패를 통해 성장하는 이유는 실수 자체에서 뭔가를 배워서가 아니다. 자신의 행동, 능력, 잠재력을 더 잘 알게 되어 새로운 요구와 여건에 적응할 수 있기 때문이다. 실패는 자신에게 전념하게 해 주는 기회다.

3. 실패를 성공으로 바꾸다

나는 이런 말을 단호하게 하는 편이다. "그건 나도 몰라요." 또는 "유감스럽지만 전혀 모르겠어요." 나는 재능

있고 유능한 분야가 많으니, 그 외 분야에서는 미숙하고 무지한 게 당연하다고 생각한다. 이렇게 자신감에 넘치면서 건전한 신념은 몇 번의 성공적인 실패 덕분에 얻게 되었다.

독일의 자동차 회사 다임러의 실패 일화도 이를 입증한다. 몇 년 전, 다임러 그룹에 관한 기사가 신문을 크게 장식한 일이 있었다. 벤츠 신형 모델이 자동차 주행 테스트에서 전복되자 큰 화제가 되었는데, 그룹은 아주 능숙하게 대응하며 이런 광고를 했다.

"실수하지 않는 자는 강하다. 실수에서 배우는 자는 더 강하다."

그들의 능숙한 대처로 실패는 성공으로 바뀌었다.

4. 실패는 저항력을 키운다

실패와 위기를 경험한 사람들은 온실에만 있던 사람보다 회복력이 더 강하다. 회복력은 저항력으로도 이해할 수 있다. 이는 힘든 상황을 잘 극복하기 위한 전략을 습득하는 행위다. 저항력은 위기 상황은 물론이고, 혼란

스럽고 도전적인 일상에서도 필요하다. 회복력은 스트레스나 힘든 상황에서 자신을 잃지 않게 지켜 준다.

5. 완벽이 척도는 아니다

무언가를 시작할 때 두려움이 생기는 이유는 완벽을 추구하기 때문이다. 실패는 그 두려움을 완화시켜 준다. 어떻게 그럴까?

먼저 이 사실을 알아야 한다. 자신의 소망이 어떤 일의 성공이나 실패를 장담하지 못한다는 점 말이다. 다른 사람은 못마땅해하는 일을 자신은 좋게 평가할 때가 있다. 반대로 자신은 만족하지 못하는 성과에 다른 사람은 크게 칭찬할 수도 있다.

나의 지인인 시모네는 2년 동안 격언 달력을 기획했다. 격언 달력이 완성되었을 무렵, 시장에는 이미 비슷한 제품들이 넘쳐났다. 시모네가 실패를 경험하고 한참 뒤, 한 사업 파트너가 시모네가 만든 격언 달력 초안을 발견했다. 소박한 격언 달력에 반한 그 사람은 바로 그 자리에서 판매용 격언 달력을 대량으로 주문했다.

실패가 나중에 이익을 가져다줄지언정 실패 자체는 늘 고통스럽다. 사업에 열정과 시간, 에너지를 쏟아붓다 보면 실패는 실망과 좌절, 절망으로 이어진다. 이때 필요한 것이 '장작더미 원리'다.

장작더미 원리에서는 모든 실패를 모아 더미로 쌓은 뒤 불태운다. 실패라는 장작이 한 개라면 성공의 불길을 일으키기 힘들다. 이때는 실패의 장작이 몇 개 더 필요하다.

내가 이 원리를 개발한 것은 회사에서 고객 상담원으로 일할 때였다. 당시 제품 판매량에 따라 내 성공이 평가되었다. 판매 초기에는 내가 권유하는 제품이 거절당하면서 자주 실패를 맛보았다. 고객의 거절이 늘 친절하게 이루어지는 건 아니다. 상담원으로서 화를 참아야 할 때도 있었다. 그러나 가장 성공을 거둔 날은 공교롭게도 가장 거절을 많이 당한 날이었다. 당시 아주 자신 있는 제품을 총 40명에게 설명했는데, 그중 25명은 거절했고 15명이 계약을 체결했다.

거절을 당할수록 다른 방법을 더 찾게 되고, 실패를

많이 경험할수록 목표에 도달할 가능성도 커진다. 나는 실패할 때마다 이 원리를 떠올린다. 실패를 겪을 때마다 장작을 하나씩 쌓는다고 생각해 보자. 장작이 쌓일수록 목표가 가까워진다. 불타는 장작더미를 떠올려 보면 실패의 긍정적인 면을 깨닫고 다시 일어설 힘을 얻을 수 있다.

LOVE MYSELF TIP

장작더미 원리를 기억하자

실패는 자신에게 전념하게 해 주는 기회다. 다음 질문을 통해 실패에 관한 새로운 인식을 얻고 자신의 길을 숙고해 보자. 나에게 찾아온 기회를 발견할 수 있다.

1. 실패

- 지금까지 인생에서 한 가장 큰 실패는 무엇인가?
- 이 실패는 어떤 인식과 선물을 가져다주었는가?
- 실패를 통해 어떤 능력을 발전시켰는가?
- 현재나 과거의 실패에서 어떤 가르침을 얻었는가?
- 나에게 영감을 주는 실패 이야기를 찾아보자. 실패를 딛고 일어난 인물을 다룬 흥미로운 전기와 다양한 온라인 기사가 많다. 이런 이야기를 읽으면서 주인공의 생각과 사고방식을 연구해 보자.

2. 실패에 대한 두려움

- 어떤 분야에서 시작에 대한 두려움을 느끼는가? 무엇이 꿈꾸던 계획을 시작하지 못하게 방해하는가?
- 실패할 경우, 일어날 수 있는 최악의 상황은 무엇인가?
- 시작조차 못 할 경우, 일어날 수 있는 최악의 일은 무엇인가?
- 이 중 어떤 위험을 더 감수할 만한가?
- 어떤 경우에 꿈꾸던 계획을 실행할 생각인가?
- 이때 필요한 용기를 얻으려면 무엇을 해야 하는가?
- 누가 또는 무엇이 도움이 될 수 있는가?

금전 문제에서 위기를 겪을 때

나는 부모님 집에 방문할 때면 부모님의 단골 식당에 자주 들르는 편이다. 얼마 전에는 그곳에서 손님들과 흥미로운 대화를 나누었다. 오래전부터 그 식당을 자주 이용하던 울레 부인이 돈이 불공평하게 분배되는 현상에 관해 불평했다.

"한쪽은 점점 부자가 되고, 다른 한쪽은 점점 가난해져요. 한번 가난해지면 절대 벗어날 수 없어요."

나는 잠시 그 말을 생각하다가 맞장구를 쳤다.

"맞아요. 근데 그런 현상을 변화시킬 방법이 있어요."

내 말에 울레 부인은 호기심을 보이며 물었다.

"어떻게요? 로또에 당첨되면?"

"그것도 한 방법이겠네요. 근데 당첨 확률이 낮잖아요. 건전한 돈의 관념이 없는 게 문제인 것 같아요."

울레 부인은 이해한다는 듯 고개를 끄덕였다. 그러나 '돈의 관념'은 좀 낯설다는 눈빛이었다.

"돈에 관한 생각을 말하는 거예요. 많은 사람이 돈을 그다지 좋아하지 않아요. 돈을 더럽다고 생각하는 사람도 있고요. 돈이 인성을 망친다고 보는 사람들도 있죠. 돈을 이렇게 인식하면 당연히 돈이 붙기 힘들어요. 돈은 이를 두 팔 벌려 환영하는 부자들에게 흘러가거든요."

건전한 돈의 관념을 가지려면 우리가 돈에 관해 어떻게 배웠고, 무엇을 경험했는지가 중요하다. 돈을 대하는 태도, 그리고 소비하는 대상을 어떻게 대하는지도 이런 관념에 영향을 준다. 원활한 돈의 흐름을 방해하는 장애물을 살펴보기에 앞서, 자신의 금전 문제에 어떤 위기가 있는지부터 알아야 한다. 다음은 원활하지 않은 금전 문제를 나타낸다. 한번 체크해 보자.

- 은행 통장에 계속 잔고가 부족하다.
- 매달 고정 비용을 처리하는 게 힘들다.
- 지출해야 할 비용이 종종 걱정된다.
- 자주 독촉장을 받는다.
- 예금 통장, 증권, 부동산 등 급할 때 쓸 수 있는 재산이 별로 없다.
- 수입으로는 충족할 수 없는 물질적인 소원이 있다.
- 자신보다 돈이 많은 사람을 부러워한다.
- 돈을 더럽다고 또는 인성을 망친다고 생각한다.
- 부자들에게 별로 호의적이지 않다.
- 가난한 사람들에게 더 공감한다.
- 돈을 많이 벌려면 열심히 일해야 한다고 생각한다.
- 인생에는 공짜가 없다고 생각한다.
- 오랫동안 월급이나 수입이 그대로다.
- 돈에 관해 말하는 것은 점잖지 못하다고 생각한다.
- 자신이 받는 보수가 정당하지 않다고 느낀다.
- 자신이 하는 일이 실제 보수에 비해 보잘것없다고 생각한다.

- ☐ 돈 때문에 직업에 갇힌 기분이 든다.
- ☐ 자신이 이룬 성취나 상품으로 돈을 요구하는 게 힘들다.
- ☐ 자신의 자존감을 낮게 평가한다.
- ☐ 돈을 지출할 때 별로 기분이 좋지 않다.
- ☐ 상품과 서비스들이 너무 비싸다고 느낄 때가 많다.

위에 해당하는 항목이 많다면 새로운 돈의 관념을 통해 재정 상태를 개선할 필요가 있다.

1. 돈은 내 친구!

돈에 관한 중립적인 태도나 긍정적 태도는 건전한 돈의 관념을 가지기 위한 기반이다. 부정적인 신념은 이런 기반을 흔들 수 있다. 돈을 대하는 부정적 태도는 재정 상태에도 영향을 미친다.

실제로 이런 경험이 있다. 나는 최근에 와서야 돈을 대하는 태도가 긍정적으로 바뀌었다. 그전에는 돈이 별로 중요하지 않다고 생각해서 신경 쓰지 않았다. 그러나 실은 나도 모르는 사이에 돈에 대한 부정적인 신념이 오랫동안 나를 지배해 왔다. 학창 시절에 할머니는 늘 이렇게 말씀하셨다.

"돈이 인성을 망친단다."

그 결과 검소함을 미덕으로 이해하고, 지나친 욕심을 좋게 평가하지 않았다. 이런 영향 때문에 나의 잠재의식은 돈을 적게 갖는 게 낫다고 결론을 내렸다. 사고방식과 행동도 이런 신념에 맞춰졌다. 그래서 항상 열심히 일하고 꾸준히 교육받고 프로젝트에서도 성공해 보였지만, 그에 상응하는 보수는 받지 못했다. 어쩌다가 여윳돈이 생기면 계획에 없던 재정 부담, 즉 자동차 수리나 세금 고지서 등으로 다 날아가 버렸다. 돈은 내게 머무는 법이 없었다.

당시에는 다 우연이라고만 생각했다. 그러나 최근 깨달은 사실에 비추어 보면, 돈에 대한 나의 관념이 문제였다. 원인을 깨닫고 나서야 그 영향에서 벗어날 수 있었다. 나는 내면의 재정 담당자와 대화하면서 돈이라는 주제와 화해했다. 돈과 우정을 맺었다고도 할 수 있다.

건전한 돈의 관념을 갖는 데 방해가 되는 신념들은 다음과 같다.

- 돈이 인성을 망친다.
- 돈은 더럽다.
- 검소함이 미덕이다.
- 땀 흘리지 않으면 대가도 없다.
- 돈은 힘들게 벌어야 한다.
- 돈 버는 건 오락이 아니다.
- 돈이 없으면 더 좋은 세상이 될 것이다.
- 돈에 대해 말하는 건 점잖지 않다.
- 돈은 금지된 주제다.
- 부자에게는 진정한 친구가 없다.
- 돈은 나무에서 자라지 않는다.
- 돈은 악취를 풍긴다.

2. 만족에 초점 맞추기

경제적으로 어려워지면 부족한 것만 눈에 들어온다.

무엇이 부족한지 정확히 알게 된다.

"저건 살 형편이 안 돼."

"이거 갖고 싶다."

"그저 꿈만 꾸는 거지."

에너지는 항상 주의를 기울이는 쪽으로 흐르기 때문에 이런 말을 자주 하면 부족함을 더 초래한다. 이를 해결하려면 부족함이 아니라 만족에 초점을 맞춰야 한다.

처음에는 다소 힘들게 느껴지겠지만, 만족에 초점을 맞추면 마음가짐도 바뀐다. 우리는 이미 가진 것을 간과하고 지나칠 때가 있다. 이때 '무대 뒤'를 자세히 들여다보자.

할머니의 보석, 포근한 이불, 여행 사진, 책꽂이에 진열된 책들, 예쁜 그릇과 많은 옷가지가 놓여 있을지 모른다. 또한 정갈한 식사, 가까운 곳으로 떠나는 소풍, 가벼운 운동 등 부담 없이 즐길 수 있는 일들은 이미 우리 인생이 경제적으로 충만하다는 증거다. 이를 깨달으면 행동이 달라지고 우리의 금전 사정도 바뀌게 된다.

3. 돈의 흐름 신뢰하기

돈을 즐겁게 지출하지 못하면 자연스러운 돈의 흐름이 방해받는다. 많은 금액을 지출할 때 손실에 대한 불안감이나 압박감 같은 불쾌한 감정이 든다면, 돈의 흐름을 신뢰하지 못하는 것이다. 그런 사람은 소비한 돈이 다시 자신에게 돌아온다고 믿지 않는다. 이런 불신은 생존에 대한 불안감까지도 초래할 수 있다.

이런 굴레에서 벗어나려면 어느 정도 돈을 신뢰할 필요가 있다. 돈은 항상 흘러가기 마련이다. 당장 댐으로 막지 않는 한 그 돈은 우리에게 되돌아온다. 돈에 마음을 열고 좀 더 즐기면서 돈을 지출할 때 우리는 돈을 끌어당기는 자석이 된다. 돈에 관한 신뢰를 다시 회복하는 데 도움이 되는 문장들을 소개한다.

- "나는 돈의 흐름을 신뢰한다. 즐겁게 쓰고, 두 팔 벌려 환영한다."
- "나는 돈을 끌어당기는 자석이다. 설사 놓친다 해도 다시 내게로 돌아온다."

- "내 돈은 흘러갔어도 항상 내게로 다시 돌아온다."

4. 소중해져라!

사람의 가치를 돈으로 매길 수는 없지만, 자신을 아주 소중하게 여기는 사람과 그렇지 않은 사람은 수입에서 상당한 차이가 날 수 있다. 자신에 대한 가치 평가는 주변에도 영향을 주기 때문이다.

나의 지인 카롤라가 좋은 예다. 카롤라는 오랫동안 원하던 인력 개발 회사에 취직해서 무척 기뻐했다. 초봉은 낮았지만, 자신의 가치가 제대로 평가받으리라고 기대했다.

카롤라와 함께 줄리안도 같은 부서에서 일을 시작했다. 둘 다 경력과 능력은 비슷했다. 초봉이 더 높았던 줄리안은 1년이 지나자 별다른 요구 없이도 임금이 인상되었다. 몇 주 뒤에 줄리안은 자신의 노력과 업적에 맞게 연봉을 재조정해 달라고 요구했다. 상사는 줄리안의 요구를 즉각 수용했지만, 카롤라는 임금 인상에 성공하지 못했다.

이유가 무엇일까? 줄리안에게서는 건강한 자존감이 빛났다. 자신감 있는 행동과 자세, 의사소통 방식, 동료를 대하는 능숙한 태도, 자신의 업적과 성공을 대하는 방식이 줄리안의 가치를 높여 주고 그에 걸맞은 보상을 보장했다. 지도력도 있고 자신감이 넘치는 줄리안이 스스로 매긴 가치를 누구도 반박하지 못했다. 카롤라의 경우는 완전히 달랐다. 카롤라는 똑같이 일을 잘하면서도 자신의 성취가 별것 아닌 듯이 행동했다. 이런 자기 회의는 말투, 표정, 태도에서도 드러났다.

카롤라의 예를 통해 건강한 자존감이 재정 상태에도 결정적인 영향을 미친다는 사실을 알 수 있다. 부정적인 경험과 자기 회의감은 자존감 통장이 바닥임을 드러낸다. 이때에는 한 가지 방법밖에 없다. 자존감 통장을 다시 채우는 수밖에.

5. 돈에 대한 건전한 접근

돈을 잘못 쓰는 경우가 종종 있다. 무엇인가 보상하기 위해 사용하는 경우다. 직장에서 스트레스를 받거나 일에서 충족감을 느끼지 못할 때 유명 브랜드의 가방이나 시계, 멋진 자동차를 사거나 혹은 5성급 호텔에 여행을 가려는 경향을 예로 들 수 있다.

사실상 즐거움을 안겨 주는 고급품이 원칙적으로 나쁘다고 할 수는 없지만, 돈이 시간과 의미와 행복과 무관한 곳에 투입되고 있다고 볼 수 있다. 이를 통해 악순환이 반복된다. 생활 수준이 높아지면서 직장에 충성하고 초과 근무 필요성도 더 많아진다. 그러다 보니 부족한 행복감을 보상하기 위해 더 많이 쇼핑하고 매달 고정 비용도 추가로 높이게 된다. 이런 시나리오는 벗어날 길이 없는 구속처럼 느껴진다. 이런 상황을 위해 내가 만든 원칙이 있다.

"소비를 최소화하고, 즐거움을 최대화하라."

2016년에 안식년을 보내면서 돈에 대한 나의 태도가 바뀌었고, 그 결과 구속에서 벗어날 수 있었다. 그래도 삶의 기쁨이나 고급스러움은 잃지 않았다. 오히려 그 반대였다. 기쁨이 최대화되지 않는 곳에는 돈을 아끼고 즐거움을 위해서는 기꺼이 돈을 지출했다. 그러자 고정 비용이 줄어들었다. 덕분에 직업과 관련한 결정에서 훨씬 자유로워졌다. 보수가 높은 직장을 쫓아다니거나 비굴하게 협상하는 대신, 일에서만큼은 내 욕구와 내면의 기쁨에 집중하게 되었다.

LOVE MYSELF TIP

돈에 대한 관념을 재구성하라

1. 돈은 나를 좋아한다

돈과 관련한 부정적인 생각을 가지고 있는가? 있다면 그 생각을 긍정적으로 바꾸기 위한 첫 단계로 다음 질문에 대답해 보자.

- 돈으로 어떤 좋은 일을 할 수 있는가?
- 돈으로 이미 어떤 좋은 일을 했는가?
- 돈을 좋아하려면 어떤 이유가 필요한가?
- 돈은 왜 당신을 좋아해야 하는가?

2. 돈을 대하는 부정적인 태도를 바꾸자

돈을 대하는 부정적인 생각이 긍정적으로 바뀌도록 다음 작업을 해 보자.

- 돈을 바라보는 부정적인 생각을 재구성해 보자. 예를 들면 다음과 같다.

  1) "돈은 악취를 풍긴다."

  ⋯→ **"돈에서 좋아하는 향수 냄새가 난다."**

  2) "돈은 늘 부족하기 마련이다."

  ⋯→ **"돈은 사는 데 충분하다."**

  3) "돈이 인성을 망친다."

  ⋯→ **"돈이 인격을 높인다."**

- 이 긍정적인 문장들을 예쁜 쪽지에 적는다.
- 이 쪽지를 카드 위에 붙이고 다시 지갑에 넣는다.
- 이제부터 계산대 앞에서 이 카드를 보며 긍정적인 마음가짐을 되새기자.

3. 만족에 초점을 맞춰라

에너지는 주의를 기울이는 쪽으로 흐른다. 초점을 부족함에 맞추면 삶은 계속 궁핍해진다. 반대로 만족에 초점을 맞추면 삶은 더 풍성해진다.

- 집 안을 샅샅이 살펴보면서 가장 중요한 재산 목록을 적어 본다.

- 월수입을 계산해 본다. 최근에 받은 선물과 상품권도 포함한다.
- 이 수입으로 무엇을 할 수 있었는지 생각해 본다.

4. 자신의 가치를 인식하라

자존감 점수가 백만 점인 상태로 세상에 태어났다고 생각해 보자. 살면서 겪는 부정적인 경험, 모욕, 실망, 거부 등이 점수를 차감시킨다. 현재 내 점수는 몇 점인가? 직관적으로 점수를 매겨 보자.

이 점수는 높일 수도 있다. 생각나는 칭찬과 성공, 스스로 인정하는 특성과 재능과 신체 부위에는 1만 점을 더한다. 나를 소중히 여기고 사랑해 주는 사람이 있다면 2만 점을 더한다. 나를 세상에서 가장 소중히 여기는 사람이 있다면 10만 점을 더한다.

이런 식으로 계산해 보자. 자존감 점수가 다시 백만 점에 이를 때까지 점수를 채우는 일에 힘쓰자.

5. 돈을 대하는 태도를 최적화하고, 자유로워져라

다음 질문은 경제적인 독립에 도움을 주는 인식이다.

- 뭔가 보상받고 싶을 때 주로 어떤 분야에 돈을 지출하는 편인가?
- 불행해지지 않고 포기할 수 있는 소비가 있는가?
- 가끔 시간을 돈과 맞바꾼다는 느낌이 드는가? 그렇다면 계획이 필요하다. 어떻게 돈 대신 시간을 확보할 수 있는가? 예를 들면 일하는 시간을 줄일 수 있다.
- 6개월 동안 일하지 않아도 될 만큼 돈이 충분하다면 어떤 기분이 들까? 이런 상상에 기분이 좋아진다면 여가에 필요한 비상금을 마련한다.
- 돈과 맞바꾸고 싶지 않은 것이 있는가?
- 의식적으로 계속 돈을 지출하고 싶은 분야가 있다면 무엇인가?

외로움의 다양한 측면

"늘 혼자인 건 아니지만, 종종 외로움을 느껴요. 다정하고 호의적으로 나를 바라봐 주고 관심을 기울여 주는 사람이 없거든요. 내 말을 들어 주고 이해해 주고 함께 행복을 나누는 사람도 없어요. 때로 이해받지 못하거나 겉돌고 어디에도 속하지 못하는 것 같아요. 예전에는 배우자가 없어서 외로운 줄 알았어요. 이제는 그것만이 문제가 아니라는 걸 깨달았어요. 사람들과 함께 있을 때도 종종 외로움을 느끼거든요."

얼마 전에 어느 독자가 내게 보내온 이 글은 큰 울림을 주었다. 이 독자는 인생에서 마주할 수 있는 외로움의 다양한 측면을 간단하게 정리해 주었다. 배우자가 없거나 혼자 사는 사람들만 외로움을 느끼는 게 아니다. 사람들에게 둘러싸여 지내도 종종 외로운 감정이 나타난다.

- 주변 사람들이 나에게 관심이 없다고 느낄 때
- 아무도 나를 제대로 이해하지 못한다고 느낄 때
- 함께 어울리지 못한다고 느낄 때

이런 형태 외에도 대표적인 외로움이 있다. 주말 저녁에 외출하거나 연인과 여름휴가를 보내고 싶은데 동반자가 없는 외로움이다. 이때는 우울한 생각까지 든다. 어떤 이유로든 지속적인 외로움은 건강하지 못하며 위기에 이를 수 있다. 잡지 《슈피겔》에 따르면 만성적인 외로움을 느끼는 사람들은 평균인들보다 더 일찍 사망하는 경향이 있다고 한다. 그럼 외로움은 왜 생기는 걸까? 대표적인 세 가지 원인을 살펴보자.

1. 관심받지 못해 무시당한다고 느낄 때

자신이 별로 중요하지 않거나 동료, 친구, 가족에게 관심을 받지 못한다고 생각되면 무시당하는 느낌을 받는다. 때로 이런 상황은 악순환으로 이어진다. 처음에는 마음의 문을 닫고 무뚝뚝해지거나 자기 연민으로 움츠리며 주변 사람들이 거부하는 태도에 적응해 나간다. 그러면 상대방의 태도는 더 냉랭해진다. 그럼 자존감은 점점 떨어진다.

이런 상황에서 벗어나려면 자존감을 다시 건강한 수준으로 끌어 올려야 한다. 이때 시간을 갖고 상대와 거리를 두어야 할 필요가 있다.

2. 어딘가에 속하지 못한다고 느낄 때

자신이 남들과 달라 받아들여지지 못한다고 느낀다면 그 원인은 우리 안의 케케묵은 신념 때문일 수 있다.

- 아무도 나를 이해하지 못해.
- 내게 문제가 있는 게 틀림없어.

- 나는 달라. 비정상이야.
- 나는 어디에도 속하지 않아.
- 아무도 나와 관계를 맺으려고 하지 않아.

이런 생각들은 다른 신념과 마찬가지로 과거에서 나온다. 거부당하는 느낌과 비슷해서 아주 고통스럽다. 자신에게 이런 신념이 있다면 사실 여부를 따져 보고, 반증을 찾아보자. 예를 들어 나를 이해해 주고 소속감을 주는 사람들, 나의 독특한 성격을 개성으로 봐 주는 사람들을 떠올려 보자. 또 내가 원만하게 무리에 속했던 기억을 찾아내 보자. 그렇게 하면서 새롭고 건전한 신념을 만들어 가야 한다.

3. 아무도 자신의 갈망을 채워 주지 못할 때

사람들은 가질 수 없는 것을 갈망할 때 특히 외로움을 느낀다. 이런 감정은 우리에게 익숙하다. 예를 들어 보호받고 싶고, 안기고 싶다고 하자. 그러나 배우자와 방금 싸웠다거나, 현재 배우자가 없는 경우라면 이런 소망은 충족될 수 없는 열렬한 갈망이 된다. 주말에 데이트를 하고 싶거나 나에게 속한 사람이 있었으면 좋겠다는 마음, 누군가가 내게 관심을 표하고 즐거운 대화를 나누어 주기를 바라는 마음도 충족되지 않으면 이룰 수 없는 갈망이 된다. 이럴 때 외로움 때문이라고 생각하는 사람들이 많은데, 실제로 외로운 감정은 주변에 사람이 없어서가 아니라 갈망 때문에 생겨난다.

실제로 나는 이 책을 쓰면서 혼자 보내는 시간이 많아졌다. 그래서 이런 논리를 체감하고 있다. 예전의 나였다면 이런 시간을 잘 견디지 못하고, 사람과 교류하며 다정한 말을 듣기를 원했을 것이다. 그러나 이제는 혼자 있어도 보호받는 느낌이 들고 행복하다. 따라서 예전의 불쾌한 감정을 모두 외로움 때문이라고 할 수는 없다. 실은 충족되지 않은 갈망 때문이다. 이제는 스스로 갈망을 충족시키는 법을 안다는 점이 예전과 다르다.

특별히 외로움이 느껴지면 지금 무엇을 가장 원하는지 자신에게 물어보는 게 좋다. 기분이 좋아지려면 상대방이 나에게 어떻게 해 주길 바라는지 생각해 보자.

"나를 안아 주고, 존중해 주고, 칭찬해 주고, 즐겁게 해 주면 좋겠어요."

이 대답은 외로움을 막기 위해 스스로 무엇을 해야 하는지 분명히 보여 준다. 외로움에서 벗어나기 위해 상대가 해 주길 기대하는 것, 이것이 바로 내가 나에게 해 주어야 하는 일이다.

LOVE MYSELF TIP

자신에게 사랑의 선물을 하라

외로움에 제동을 걸고 자존감을 높이려면 자신에게 사랑, 인정, 배려, 존중, 친절을 베풀어야 한다. 그러면 놀랍게도 외로움이 금방 행복으로 바뀌게 된다.

1. 인정해 주는 말과 사랑을 갈망하는 경우

'나는 어떤 점에서 칭찬받을 만한가?'라고 스스로에게 물어보자. 그리고 자신에게 칭찬 편지를 써 본다.

"사랑하는 나에게! 나에게 칭찬해 주고 싶은 점은 끈기, 남을 돕는 자세, 경청, 예쁜 미소, 싹싹한 태도야."

2. 사랑과 온전한 관심을 갈망하는 경우

온전히 자신만을 위한 시간을 가진다. 자기 생각에 귀 기울이면서 친한 친구에게 하듯 스스로 다정하게 물어본다.

- "요즘 뭐 하고 지내?"

- "부족한 거 있어? 원하는 게 뭐야?"
- "요즘 어떤 감정을 주로 느껴? 그 감정이 즐거워, 아니면 괴로워?"
- "기분이 좋아지려면 어떻게 해야 해?"
- "지금 필요한 게 뭐야?"

3. 존중을 갈망하는 경우

자신에게 선물을 한다. 신중히 선물을 골라 포장하고 예쁜 카드와 꽃다발도 산다. 별나게 들릴 수도 있지만 이는 정말 재미있는 경험이다.

4. 사람과의 친밀감을 갈망하는 경우

사랑과 도움이 절실한 사람에게 이를 베푼다. 예를 들어 양로원을 방문하거나, 이웃집 어르신이나 몸이 불편한 지인 대신 장을 봐 주는 일을 할 수 있다. 소아암 환자들이나 봉사 단체를 위해 후원하는 일도 있다. 맛있는 음식을 만들어 가까이에서 도움이 필요한 사람에게 대접할 수도 있다.

5. 애정을 갈망하는 경우

독신이든 아니든 일상에서 애정 표현을 할 기회는 별로

많지 않다. 그러니 한 번씩 자신을 그냥 껴안아 보자. 예를 들어 아침에 일어나자마자 자신을 껴안는 것이다. 자신을 어루만지는 일이 어색하게 느껴진다면 기분 좋게 보디로션을 바르는 것도 좋다. 샤워 후 욕실을 나서기 전에는 거울 속 자신에게 입맞춤을 보낸다.

호의가 응답받지 못할 때

누군가에게 마음을 빼앗기면 이성적으로 생각하기가 쉽지 않다. 이런 상황은 주로 연애 문제에서 발생하며, 바탕에는 심리적 원리가 작용한다. 최근에 나는 친한 친구 프란치스카와 이 문제에 관해 이야기를 나누었다.

"사람들은 자신에게 관심 없는 사람한테 마음이 가는 것 같아."

프란치스카의 말에 나는 정확한 뜻을 물었다.

"우리 젊은 시절을 생각해 봐. 내게 관심 없는 사람을 짝사랑하느라 얼마나 많은 시간을 애태우며 보냈는지 말이야. 그 사람 생각만 하면서 한마디 말에도 의미를 부여했지. 반대로 내게 관심을 보이는 사람에게는 냉랭하게 대했어."

나는 프란치스카가 어떤 현상을 말하는지 금방 이해했다.

"네 말대로 우리가 관심을 보이면서 쫓아다니면 상대방은 오히려 우리를 무시하는 경향이 있어. 반대로 우리가 무심하게 굴면서 신비주의 전략을 쓰면 오히려 인기를 얻게 되지."

프란치스카도 맞장구를 쳤다.

"바로 그거야. 신비주의 전략을 써야 인기를 얻는다는 거!"

대화가 끝나자 나는 이 현상이 '연애' 이외의 영역에도 해당하는지 궁금해졌다. 실제로 우리는 자신에게 관심 없는 사람에게는 특별 대우를 하면서도, 자신에게 '아주 친절한' 사람에게는 냉랭하게 대하는 건 아닐까. 만약 그렇다면 우리는 인생의 큰 부분을 잘못 투자하고 있다. 그 결과 자존감은 타격을 입고, 원치 않는 외로움도 더 커진다.

연애 초반에는 '신비주의 전략을 쓰면 인기를 얻는다.'라는 원칙이 잘 적용될 가능성이 크다. 심리학적으로는 자신에게 거리를 두는 사람을 특별히 소중하게 인지하는 경향이 있다고 본다. 상대가 거부하는 태도를 보이면 무의식적으로 그를 추켜세우게 된다. 상대방이 우리를 무시할수록 갈망은 더 강해진다. 상대방의 거부는 쟁취 욕심을 부추기고, 쟁취해야 하는 건 더 소중하게 보인다. 그래서 그런 대상에게 시간과 에너지를 쏟아붓는다. 반대로 우리를 존중과 애정으로 우러러보는 사람에게는 큰 가치를 부여하지 않는 경향이 있다.

상당히 좋지 않은 태도지만, 흔히 일어나는 현상이다. 이런 태도는 서로 깊고 지속적인 관계를 맺으면서 바뀔 수 있지만, 그렇다고 완전히 벗어날 수는 없다. 친구나 배우자와 맺는 관계에서도 마찬가지여서 한쪽이 추앙받으면서 냉랭한 반응을 보이면 상대방은 애정 공세를 퍼붓는다. 그러나 이런 상황이 오래가면 많은 부정적인 결과를 초래할 수 있다.

- '난 뭐가 문제지?' 늘 이런 질문이 떠오른다.
- '난 중요한 사람이 아니야.'라는 신념이 잠재의식 속에 깊이 자리한다.
- 자존감 점수가 급격히 줄어든다.
- '난 사랑받을 가치가 없어.'라는 신념이 굳어진다.
- '나는 아름답지도 않고, 인기도 없어.' 이런 부정적인 신념이 상대방의 태도에도 영향을 미친다.
- 사랑받을 자격도 없는 사람에게 소중한 시간과 생각 에너지를 낭비하게 된다.

사랑받을 자격도 없는 사람에게 사랑을 쏟는 건 불행한 일이다. 안타깝게도 그 사람을 쟁취할 생각에만 골몰해 자신의 평안은 돌보지도 않는다. 지금 이 순간 우리를 사랑하는 사람들과 보내는 시간을 즐기는 대신, 자존감을 바닥으로 내치는 암울한 생각에 빠져 헤맨다. 가끔은 이성이 설득도 해 보지만, 대개는 감성이 이기면서 쟁취하고자 하는 대상에 집착한다.

여기서 우리를 구해 줄 예비용 닻은 단 하나, 바람직

한 방법을 의식에 자리 잡도록 하는 것밖에 없다. 스스로 신비주의 전략의 희생자라는 걸 인식해야만 이 불행에서 빠져나올 수 있다. 이때 마음속에 외로움에 대한 불안감이 고개를 든다면 이 말을 기억하자.

"외로움을 잘 활용하면 행복해진다."

모든 외로움이 다 부정적인 건 아니다. 늘 자기 시간을 가지고 내면에 귀 기울이면서 좋아하는 일에 몰두하는 사람은 외로움에서도 에너지를 얻어 행복해진다. 그러니 당신을 거부하는 사람에게 오랫동안 쏟았던 관심과 사랑을 이제 자신에게 기울이자. 상대방의 신비주의 전략이라는 함정에 빠지지 않고 재빨리 이를 알아채는 것이 중요하다. 그래야 동등한 관계를 맺을 수 있다. 이런 상황을 깨닫고 인식하는 일은 스스로 마땅한 대접을 받아야 한다고 요구하는 것이다.

LOVE MYSELF TIP

당신을 소중하게 여기지 않는 사람과는 작별하라

1. 생각을 바꾸어라

당신을 소중하게 여기지 않는 사람 때문에 슬퍼진다면, 의식적으로 생각을 바꿔 보자. 우선 당신을 사랑하고 소중히 여기는 사람들의 이름을 적어 본다. 그중 한 사람을 골라 당신에게 어떤 식의 호의를 베푸는지 상상해 본다. 그 사람이 당신의 어떤 점을 좋아하고 높이 평가하는지, 왜 당신을 소중하다고 여기는지 상상 속에서 의견을 들어 본다.

2. 소포로 보내라

누군가를 기억나게 하는 물건을 모두 상자에 담는다. 상자를 지하실에 보관하거나 자선 단체에 기부한다. 이와 마찬가지로 기억도 정신적인 상자에 담아 본다. 이 상자를 외딴섬에 보내거나, 급행열차에 실어 아주 멀리 보내는 상상을 해 보자.

낭만의 회복이 필요한 순간

 배우자와 열정적으로 입맞춤을 한 지는 벌써 오래전 일이고, 대화도 일상적인 문제가 주를 이룬다. 예전에는 무난했던 공동생활도 이제는 나뒹구는 양말과 지저분한 커피잔 같은 사소한 문제로 큰 싸움이 이어진다. 분노, 혐오, 좌절, 슬픔이 심해지면 갈등을 해결하기 위해 용기도 내 보지만 결국 책임 공방과 함께 말싸움으로 끝난다. 배우자와의 관계에 위기가 왔다고 느끼는 순간이다. 모든 관계에는 언젠가 위기가 찾아오기 마련이다.

 배우자와의 관계에서 위기는 공동생활과 사랑을 재확인하고, 자신과 배우자의 새로운 면을 발견하게 해 준다. 낭만의 회복은 다음과 같은 경우에 필요하다.

- 할 말이 없어지면서 대화가 실패한 것처럼 보인다.
- 싸움이 잦아진다. 때로는 사소한 집안일 같은 문제로 싸운다.
- 특정 습관과 소리, 또는 배우자가 버릇처럼 자주 사용하는 문장이 '아무 이유 없이' 화를 불러일으킨다.
- 배우자에게 감정적 상실을 느끼면서 불신과 분노로 반응한다.
- 문제 해결책을 함께 찾는 대신, 상대방에게 서로 책임을 떠넘긴다.
- 배우자가 상처를 자주 건드린다. 때로는 일부러 상처를 주는 것 같다.
- 배우자 한쪽이 점점 거리를 두면서 자연스럽게 정서적 거리감과 소외가 일어난다.

관계의 위기를 나타내는 다양한 특징들이 물론 더 있다. 그러나 위 사항에 해당한다면 낭만을 되살려야 할 필요가 있다. 이제 위기의 기회를 이용해야 하는 순간이다. 관계 위기를 극복하는 세 가지 기회는 다음과 같다.

1. 다시 시작

배우자 사이에서 위기를 맞는 것은 아주 자연스러운 일이다. 위기가 생기는 이유는 시간이 흐르면서 서로 변화하고 발전하기 때문이다. 연인 관계이지만 각각 다른 인격체이기 때문에 변화와 발전 속도가 서로 똑같지는 않다. 그래서 처음에는 갈등을 겪다가 나중에는 위기가 찾아온다. 관계가 변화하기에 위기가 생기는 것이다. 이렇게 배우자가 서로 변하다 보니 관계를 새로 정립할 필요가 있다. 오랜 습관을 점검하고, 공동생활을 위한 새로운 조건을 만들고, 충족되지 못한 욕구는 말로 표현해야 한다.

여기에는 물론 시간과 관심이 필요하다. 낡은 관계를 끝내고 함께 새로운 관계를 시작해야 한다. 우리는 날마다 변한다. 3년 전의 나와 지금의 나는 다르다. 그래서 새로운 두 사람으로 다시 마주하고 새로 시작해야 한다.

배우자와 함께 관계의 조건을 변화시켜야 스스로 발전할 여지도 생긴다. 변화는 다른 삶의 영역에도 영향을 미친다. 예를 들어 최근에 이직, 자녀 출산, 이사 등을 경험했다면 마음가짐, 태도, 습관에도 변화가 생긴다. 따라서 위기의 기회를 이용해서 자신을 바꾸고 새로운 일에 도전할 수 있다.

2. 죄책감 대신 해결책

몇 년 전까지만 해도 나는 책임 전가에는 선수였다. 다른 사람들처럼 나도 삶에서 뭔가 잘못되면 책임질 사람부터 찾았다. 배우자 관계에서도 마찬가지였다. 공교롭게 나의 배우자도 책임 전가에는 전문가였다. 우리 사회에 이런 태도가 만연한 이유는 분명하다. 스스로 책임과 좌절에서 벗어나려면 책임질 대상부터 물색하는 게 가장 쉬운 방법이기 때문이다. 그런데 이 방식은 잠시 기분을 좋게 해 줄 뿐, 그 후의 상황은 더 나빠지기만 한다. 책임 전가는 말싸움은 물론, 상처를 입고 냉대를 받는 상황으로 이어진다. 이로 인해 배우자 사이에서 신뢰와 의사소통 기반이 상당히 흔들리게 된다.

배우자 관계에 심각한 위기가 찾아왔을 때 나는 문제 해결을 위한 교육을 받았다. 그리고 그때 배운 이론을 실생활에서 적용하려고 노력했다. 그러던 중, 나는 배우자와 함께 오랜 친구의 결혼식에 초대받았다. 시간에 맞춰 결혼식장에 도착했지만 우리 말고는 아무도 없어서 무척 당황했다. 내비게이션에 주소를 잘못 입력한 게 이유였다. 나는 급하게 시간을 확인하면서 짜증스럽게 배우자에게 물었다.

"청첩장에서 주소 확인 안 했어?"

배우자가 내게 버럭 화를 내며 말했다.

"나야 운전하느라고 바빴잖아. 당신이 한 번 더 확인했어야지."

나도 물러서지 않았다.

"당신은 제대로 하는 게 없지. 당신하고만 있으면 늘 이런 일이 생긴다니까."

그러다가 갑자기 해결책이 떠올랐다.

"잠깐만! 왜 이런 문제가 생겼는지는 중요하지 않아.

결혼식에 잠시라도 참석하려면 이제부터 어떡할지 생각해 봐야 해."

내 말에 배우자의 어조도 금방 바뀌었다. 한 시간쯤 지나 우리는 결혼식장에 제대로 도착했고 함께 피로연을 즐겼다. 그날 제대로 된 해결 방법을 찾지 못했더라면 결혼식에 잘 도착하고도 기분은 엉망이 되고 말았을 것이다. 그날 이후 나는 이 해결 방법을 배우자 관계뿐만 아니라 삶의 모든 영역에 적용하고 있다. 이를 통해 내 삶은 갈등이 조금씩 줄어들면서 편안해졌다.

3. 감정의 매듭

배우자가 가장 아픈 부위를 자꾸 건드릴 때 싸움은 특히 치열해진다. 사스키아와 토비아스가 그런 경우였다. 갈등이 생기면 토비아스는 항상 사스키아에게 고함을 질렀다. 그의 욱하는 성질 때문에 사스키아는 얼른 그 자리를 피해 무조건 도망쳤다. 이런 상황은 두 사람에게 절망스러웠다. 깊이 상처받은 사스키아는 오랫동안 이런 감정의 원인을 모른 채 책임을 전부 토비아스에게 떠넘겼다. 그러나 실은 토비아스가 언성을 높일 때 사스키아는 어릴 적 어머니가 고함치던 모습을 떠올렸다. 토비아스와 갈등을 겪을 때마다 어린 시절 느꼈던 무기력함과 상처가 되살아난 것이다.

토비아스 경우도 마찬가지였다. 사스키아가 자신을 혼자 버려두고 도망갈 때마다 어릴 적에 자신을 버려둔 아버지가 떠올랐다. 아버지가 몇 주씩 집을 비울 때마다 토비아스는 아버지가 자신을 사랑하지 않는다고 생각했다. 그래서 사스키아가 도망칠 때마다 그의 내면에서 당시의 경험이 떠올랐다.

사람들에게는 이런 감정의 매듭이 있다. 이때 배우자는 거울 역할을 할 뿐이다. 작은 상처를 느낄 때 거울에 비치는 것은 치유해야 할 과거 상처다. 이런 감정을 정리해야 마침내 상처에서 벗어날 수 있다.

LOVE MYSELF TIP

낭만을 되살리는 방법

- 무엇보다 대화가 중요하다. 위기 상황에서는 규칙적으로 대화 시간을 가져야 한다.
- 배우자와 함께 다시 시작할 계획을 세운다. 이 새로운 계획은 크게 입 밖으로 내는 게 중요하다. 그래야만 공동생활의 새로운 조건을 찾아낼 수 있다.
- 자신에게 이렇게 질문해 본다. "나는 어떤 배우자가 되고 싶은가? 어떤 태도를 유지하거나, 또는 바꾸고 싶은가? 어떤 태도를 새로 습득하고 싶은가?"
- 두 사람에게 집중한다. 시간이 지나면서 생긴 정서적 거리감을 좁히기 위해 배우자와 함께 재미있는 일들을 자주 시도해 본다. 예를 들어 영화 관람, 주말 나들이, 도시 탐방, 낭만적인 저녁 식사, 등산, 열기구 타기, 스쿠버 다이빙이나 댄스 교습 등이 있을 것이다.
- 배우자에게 연애편지를 써 본다. 연애편지는 배우자의

좋은 면과 처음 사랑에 빠졌을 때의 모습을 기억하는 데 도움이 된다. 편지에는 배우자의 어떤 점이 소중하고 감사한지 모두 쓰는 게 좋다. 현실적이면서 해결 가능한 소망으로 마무리해도 좋다.

- 책임을 누군가에게 떠넘기는 일을 끝내야 한다. 문제가 생기면 얼른 해결 체제로 돌아서야 한다. 문제 해결을 위해서는 어떻게 또는 누구 때문에 문제가 생겼는지는 중요하지 않다.

우리 몸에 영향을 주는 마음가짐

마틴   오늘 아침 신문에 당신 기사가 났더라. 정말 멋져!

멜라니 와, 기분 좋다! 언론 쪽은 홍보 효과가 좋구나.

마틴   블로그는 어때?

멜라니 아주 좋아. 한 달 방문자 수가 20만 명이야.

마틴   나쁘지 않은데! 책 판매에도 상당히 도움이 되겠네.

멜라니 응. 출판사에서도 아주 만족스러워하고 있어. :)

마틴   처음 한 강연은 어땠어?

멜라니 엄청 긴장했었는데 마지막에 박수 소리가 터져서 완전히 긴장 풀렸잖아. 당신이 해 준 충고가 많이 도움이 됐어. 고마워! ♥

마틴　별말씀을. 당신은 이제 승승장구하고 있어!

멜라니　그런가 봐.

마틴　당신보다 더 강한 건 이제 하나밖에 없어.

멜라니　그게 뭔데?

마틴　당신 몸이지!

이 문자는 몇 달 전, 나의 첫 저서가 출간되면서 배우자와 나눈 내용이다. 몸에 관한 이야기의 도입부로 이 일화만큼 적절한 게 없는 것 같다. 마틴의 표현은 내 몸이 삶에서 하는 역할을 제대로 짚어 냈다. 내게는 상상하는 대로 삶을 꾸려 나가는 능력이 있는 것 같다. 그럴 때 나는 목표 달성을 위해 직원들이 능력, 참여, 정신력, 창의력, 노하우 등 모든 것을 쏟아붓도록 자극하는 사장처럼 행동한다. 그러나 사장도 어쩌지 못하는 게 하나 있다. 바로 내 '몸'이다. 내 몸은 자기 일을 할 뿐이다.

누구나 이런 경험이 있다. 머리로는 희망 몸무게에 도달하고, 증상의 완화나 완쾌를 꿈꾸지만, 몸이 따라 주지 않는다. 어떤 노력을 기울여도 몸과 관련된 목표는 달성하기가 힘들다. 예를 들면 이런 문제가 생긴다.

- 몸이 전반적으로 약해지는 현상
- 피부병, 민감성 피부, 피부 건조, 여드름
- 음식 부작용, 각종 알레르기
- 과체중 또는 저체중
- 자가 면역 질환
- 만성 통증 또는 만성 질환(방광염, 두통, 편두통, 허리 통증, 위염, 천식 등)
- 정통 의학적으로 치유할 수 없는 질병
- 이명, 공황 발작 등 심인성 질환
- 확산되는 전염병
- 수면 장애
- 만성 피로 및 활력 저하
- 탈모
- 천식, 지구력 저하, 고혈압
- 관절이나 근육에 무리가 오는 현상

정신 수련을 하다 보면 신체 결함에는 '의지'가 별로 작용하지 못한다는 사실에 놀라게 된다. '생각'은 물질, 즉 우리 몸에 영향을 줄 수 있다고 한다. 플라시보 효과는 생각만으로도 질병 치유가 가능하다고 의학적으로 증명한다. 환자에게 가짜 약을 처방한 경우, 진짜 약인 줄 알고 복용한 환자는 효과를 기대하고, 그 믿음이 회복이나 치유로 이끈다. 투병 생활 중에 왜 내게는 그런 효과가 나타나지 않는지 의아했는데, 이제 그 대답을 찾은 것 같다.

내가 사장 역할을 맡아 이성과 의지를 동원해서 행복, 인정, 성공, 사랑, 안녕이라는 특정 목표를 추구하는 동안 몸은 다른 주인을 섬긴다. 몸의 주인은 바로 마음이다. 마음은 그 자체로 드러나지 못하고 감정의 형태로 욕구를 나타낸다. 마음이 보내는 신호를 계속 흘려듣고 무심히 넘기면, 마음은 단호한 대책을 세워 몸을 지킨다. 때로 몸은 가차 없는 방식으로 문제를 드러낸다. 몸의 통제력을 잃게 하는 것이다. 그래야만 비로소 멈추고 삶을 돌아본다. 그러나 걱정할 필요는 없다. 신체적 이

상과 질병이 모두 우리 잘못이라는 의미는 아니니까 말이다. 몸의 메시지를 이해하려면 심신 상관 의학에 관해 알아 둘 필요가 있다.

- 심신 상관 의학에서는 몸과 마음이 서로 어떻게 영향을 주는지 다룬다. 마음이 아프면 때로 몸도 아플 수 있다.
- 생각은 감정에 영향을 주고, 감정은 다시 세포와 기관에 영향을 준다. 정통 의학에서도 이 관계를 인식하고 있다.
- 그 결과 불안, 분노, 공포와 같은 부정적인 감정이 신체적 증상을 일으킬 수 있다. 흔한 위장 문제의 경우, 음식이 아닌 스트레스가 원인일 때가 많다. 소화 불량, 구역질, 경련, 위궤양이 생긴다.
- 심신 상관 의학은 우리가 사용하는 표현에도 들어 있다. 우리는 문제가 생기면 '머리'가 지끈거리고, 놀라면 '가슴'이 벌렁거리거나 '심장'이 덜컥 내려앉고, 걱정거리가 있으면 '속'이 답답하다고 말한다.

- 관련 질환은 대부분 원인을 알 수 없는 신체적인 고통을 불러온다.
- 방광염, 탈모 또는 과체중 같은 증상들도 심적 요인에 기인하는 경우가 많다.
- 신체적으로 건강하다고 해서 반드시 마음도 건강한 건 아니다. 마음이 신체에 영향을 끼치는 능력은 사람마다 다르다.
- 영성가들은 대부분 모든 신체 증상에 마음 상태가 관련이 있으며, 마음가짐이 쾌유에 도움을 준다고 생각한다.

몸이 이성의 말을 잘 듣지 않는 이유가 이제 분명해졌다. 건강이나 편안한 상태는 주로 마음에 달려 있기 때문이다. 몸은 마음의 욕구를 나타내는 표현 방식일 뿐이다. 여기서 중요한 질문이 있다.

'마음이 몸에 관해 무엇을 말하려는지 어떻게 알 수 있는가?'

여기에는 여러 가지 방법이 있다. 우리는 해야 할 일

과 그만두어야 할 일을 직감적으로 알 때가 있다. 그러나 이를 인정하지 않거나 내면에 파고드는 목소리를 무시한다. 이제 막 성공의 길에 들어섰거나 쉬는 시간을 갖기 힘들 때, 내면에서 휴식이 필요하다고 아무리 외쳐도 귀담아듣지 않는다. 그러다가 결국 병에 걸려 몸져눕게 된다.

그러나 메시지를 알아차리거나 욕구를 충족하는 일은 때로 몹시 어렵다. 휴식에 대한 욕구에는 깊은 대화를 해야만 알 수 있는 다른 갈망들이 숨어 있다. 이를 알려면 통증이 느껴지는 기관, 신체 부위, 질병과 대화를 나누어야 한다. 대화는 명상 상태에서 하는 것이 가장 좋다. 물론 이성적으로 보면 혼잣말에 불과하지만, 대화를 통해 분명한 메시지를 얻을 수도 있다.

통증에서 벗어나기 위해서는 올바른 정신 수행도 중요하다. 경험에서 얻은 여덟 가지 방법을 소개한다.

1. 수용

날마다 심각한 신체적인 고통에 시달리는 사람에게

는 수용이 쉽지 않다. 기나긴 고통의 시간이 이어지면 더 힘들어진다. 나는 병세가 심각해지면 이런 생각들을 하며 안정을 찾는다.

"오늘 나는 통증을 있는 그대로 받아들인다. 오늘 나는 어떤 것도 바꿀 수 없기에 그대로 내버려 둔다. 그러나 내일이나 3주 후에는 모든 게 바뀔 수 있고 또 바뀔 것이다."

2. 인내

어떤 대책이든 쓸모없는 건 없다. 질병이나 증상이 나타나기까지 때로 몇 년씩 걸린다는 걸 생각해 보면, 치료도 효과를 보려면 어느 정도 일관성과 지구력이 필요하다. 건강을 위해 하는 일들이 몸에 어떻게 긍정적으로 작용하는지 상상해 보자.

3. 긍정적인 생각과 행동

마음이 몸에 부정적인 영향을 미칠 수 있듯이 마찬가지로 긍정적인 영향도 미칠 수 있음을 의식하자. 생각은 감정을 만들고, 감정은 신체 세포에 영향을 미친다. 자신을 기쁘게 하는 일을 하고, 긍정적인 글을 읽고, 재미있는 영화를 보고, 긴장을 푸는 법을 배우고, 자신에게 친절히 대하고, 항상 자신에게 사랑 고백을 하는 모습을 상상해 보자.

4. 단순한 생각

자신에게 치유하기 어려운 질병이 있다거나 아주 힘든 상황에 처해 있다는 인식을 버린다. 이런 생각은 치유 과정이나 도달하려는 목표에 방해가 된다. 또한 치유가 힘든 병이거나 몸 상태가 최악이라는 암시를 주면 약물이나 정신적, 신체적 대책도 도움이 되지 못한다. 인내심을 갖고 어떤 방법이든 다 효과가 있다고 생각하자. 생각은 에너지며, 원하는 상태에 이르기 위해서는 이 에너지를 이용할 필요가 있다.

5. 선물

나쁜 일에서 좋은 일을 찾아내자. 마음의 소망이 신체

로 드러나는 능력은 벌이 아니라 선물이다. 우리가 삶의 기쁨에서 벗어날 때 울리는 조기 경보 시스템이다.

6. 정신적 도움

증상이나 절망적인 마음이 심각해지면 정신적으로 상상을 해 보자. 예를 들어 치료제가 기분 좋게 몸 안을 타고 흐르는 모습을 떠올려 보거나, 통증 수치가 천천히 아래로 내려가는 모습을 내면의 눈으로 바라본다.

7. 집중

몇 시간씩 인터넷으로 증상을 검색하면서 심하게 몰입하는 건 좋지 않다. 이런 행동은 고통만 강화한다. 에너지를 불쾌한 상태에 모이게 해서 그 상태를 고착하기 때문이다. 차라리 통증과 관계없는 멋진 일들에 집중하면서 긍정적인 기운을 느껴 보자.

8. 신뢰

나 자신을 신뢰하자. 일곱 살 때 나는 다리가 부러져

9주 동안 깁스를 했다. 당시 나는 다리가 치유되리라는 걸 한 번도 의심하지 않았다. 그러나 어른들은 자주 의심한다. 생각 에너지인 의심은 우리 몸에 불리하게 작용한다. 의심이 들 때는 스스로 치유된 질병을 떠올리면서 자기 치유 능력에 대한 신뢰를 높이자.

LOVE MYSELF TIP

나의 몸과 대화를 나누자
신체와의 대화는 취침 직전과 기상 직후처럼 긴장이 완화된 상태에서 하는 것이 좋다. 이때 잠재의식에 쉽게 접근할 수 있기 때문이다. 잠재의식에는 의식적으로는 꺼낼 수 없는 상당한 양의 지식이 저장되어 있다. 잠재의식의 도움을 받아 증상이나 질병에 관한 솔직한 대답을 얻을 수 있다.

1. 휴식하고 긴장 풀기
긴장을 완화시키는 두 가지 간단한 방법이 있다.

- 호흡 명상: 눈을 감고 심호흡한다. 이때 배가 오르내리는 걸 느껴 본다. 일상의 근심 걱정은 내쉬는 호흡에 내보내고, 에너지와 자유로움은 들이마시는 호흡에 받아들이면서 생각들을 몰아낸다. 이 과정을 최소 5분간 반복한다.
- 신체 진동: 음악과 소리에 긍정적으로 반응하는 사람에

게 이상적인 방법이다. 편안한 소리를 두 가지 골라서 교대로 몇 분간 흥얼거린다. 다음 소리로 넘어가기 전에 흥얼거리는 톤을 가능한 한 길게 유지한다. 이때 소리를 통해 몸이 어떻게 진동하는지 느껴 본다.

2. 신체와 대화하기

이제 눈을 감고 신체와 대화를 시작해 보자. 내면의 눈으로 셔틀버스를 타고 자신의 몸 안을 돌아다니는 모습을 상상해 본다. 셔틀버스를 타고 증상이나 질병의 근원으로 가 본다. 근원이 어딘지 모른다면 자신의 직관을 믿고 가장 먼저 떠오르는 내면의 장면을 따라간다. 그곳에 도착하면 주변을 잘 살펴본다. 판단하려 들지 말고, 이성이 헛짓거리라고 속삭이더라도 무시한다. 보이는 것과 느껴지는 것, 또는 코에 닿는 냄새까지 그냥 받아들이면서 다음 질문을 해 보자.

- 해당 신체 부위는 어떤 모습인가?
- 이곳에 있는 동안 어떤 감정이 생기는가?
- 감정과 인식이 어떤 기억을 떠올리는가?
- 이 기억이 질병이나 증상에 의미가 있는가? 그 뒤에 숨겨진 메시지가 있는가?

- 어떻게 이런 상태에 이르게 되었는가?
- 완전히 건강을 되찾는다면 신체 부위는 어떤 모습일까?
- 쾌유를 위해 나는 무엇을 할 수 있는가?

3. 신체의 메시지 받아들이기

천천히 다시 의식적인 상태로 되돌아오면 기억나는 모든 대답을 적어 두는 게 좋다. 다음 질문을 더 해 보자.

'증상이나 질병에 나를 위한 분명한 메시지가 있는가?'

자신의 직관적인 대답을 신뢰하며 기록한다. 치료에 필요한 모든 메시지를 처음부터 다 얻을 수는 없다. 그래서 이 연습을 두세 차례 반복하는 게 좋다(이 연습을 할 때는 다른 사람의 도움을 받자. 시작 단계의 명상 상태에서는 질문들을 다 기억하는 것이 힘들기 때문이다).

열정은 삶에 의미를 부여한다

"난 만족할 이유가 충분한데도 만족이 안 돼."

내 친구 프란치스카가 이렇게 털어놓았다. 프란치스카는 학업을 끝내자마자 오스트리아의 유명 회사에 취직했다. 그 후 빠르게 승진해서 부장까지 되었다. 근무 환경은 아주 쾌적했고 정확한 수입은 밝히지 않았지만, 씀씀이를 보면 내 수입의 몇 배는 버는 것 같았다. 물론 프란치스카는 검소하게 살았다.

"난 주말에 집에서 지내면서 산책하고, 좋아하는 사람들과 대화할 때 가장 행복해."

프란치스카가 생각하는 행복한 삶에는 돈이 많이 필

요하지 않았다. 그런 프란치스카가 처음 이직을 고민하자 당장 주변에서 말렸다.

"그런 직장은 얻기 힘들어. 네가 운이 좋았던 거야. 또 그런 운이 찾아올 것 같아? 그 회사 그만두면 평생 후회하게 될걸!"

그러던 중, 사회 심리학의 매력에 빠진 프란치스카는 한동안 직장 생활과 대학 공부를 병행했다. 그러나 부담이 두 배로 커지자 학업에 전념하기 위해 직장을 그만두었고, 시간제 일을 하며 생활해 나갔다.

누구나 공감할 수 있는 결정은 아닐지 몰라도 프란치스카는 올바른 결정이라고 확신했다. 오랜 직장 생활 동안 열정과 의미 없이 살아왔다는 걸 깨달았기 때문이다. 이런 삶은 프란치스카에게서 활력을 빼앗고, 고액 연봉에도 불구하고 행복의 길을 막았다. 열정 없이 하는 일에는 에너지가 소모되지만, 심오한 의미와 감동을 주는 일은 오히려 에너지를 준다. 프란치스카는 새로 전념하게 된 학업을 통해 의미 있는 일을 깨달았다. 열정은 삶에 활력을 주는 원동력이다.

- 열정은 완전히 몰입하게 해 준다.
- 열정은 시간을 잊게 해 준다.
- 열정은 소중한 일을 한다는 느낌을 준다.
- 열정은 건강한 자존감의 모습으로 나타난다.
- 열정은 날마다 새로운 동기를 부여한다.
- 열정은 창의적이고 혁신적인 능력을 지지한다.
- 열정은 최고의 능률을 끌어낸다.
- 열정은 미소 짓게 하고 행복감을 준다.
- 열정은 의미를 부여한다.

의미의 부재는 쉽게 알아차리기 힘들다. 프란치스카처럼 이를 알아채기까지 때로 많은 시간이 걸릴 수 있다. 처음에 나타나는 징표로는 우울한 생각, 아이디어와 의욕 상실, 자기 회의감 심화 등이 있다.

이는 열정이 사라지거나, 결코 채워질 수 없는 일을 한다고 느낄 때 종종 나타난다. 이런 위기는 언제든지 나타날 수 있다.

- 외적 변화가 어떤 일에 대한 통제력을 상실하게 될 때. 자기가 결정하는 일이 줄어들면서 자존감이 낮아지고, 자신이 중요하고 꼭 필요한 존재라는 느낌도 약해진다.
- 미래 전망이 보이지 않을 때(예를 들어 오랫동안 한 직장에 다니면서 더 발전할 기회가 없다고 느끼는 경우).
- 삶의 단계가 마지막을 향해 가는 느낌이 들 때(예를 들어 자녀가 출가하는 경우).
- 삶의 목표를 달성했을 때(예를 들어 승진하거나 주택 대출금을 모두 갚은 경우).

일단 이런 상황에 처하면 처음에는 대답하기 버거운 질문들이 밀려든다.

'내 인생에는 어떤 의미가 있는가? 나는 왜 여기 있는가? 내 인생은 어디로 가는가? 왜 이렇게 허전할까?'

이런 질문에 답하기 전에 왜 삶에 의미가 없다고 느끼는지 이해하는 게 중요하다. 이런 위기는 대개 인생의 우선권이 밀려나면서 생긴다. 외부 환경의 변화 또는 자신이 변하면서 무게 중심이 달라진다. 예전에 중요하게 보였고 기쁨과 자부심을 주던 일들이 갑자기 의미를 잃는다. 이와 함께 우리의 존재와 일도 의미를 잃은 것처럼 보인다.

예를 들어 보자. 시빌레에게는 늘 남편과 두 자녀와의 저녁 식사가 중요했다. 아침부터 그날 저녁 메뉴를 생각해 두고 정성껏 식사를 준비했다. 그러나 자녀들이 독립하면서 요리하는 의미를 잃어 가고 기쁨도 사라졌다.

또 다른 예로 레온은 몇 년 동안 직장에 최선을 다했다. 최근에는 회사에서 진행한 온라인 프로젝트를 심혈을 기울여 성공시켰다. 그사이 아내와 쌍둥이 자녀를 위한 시간은 없었다. 레온은 자신의 열정에 스스로 혹사당하는 기분이었다. 그러던 중 예전과 비슷한 새 프로젝트를 또 맡게 되었다. 레온은 공허함을 느끼며, 도대체 어디가 끝인지 의문이 들었다.

시빌레와 레온의 인생에서 아무도 모르게 무게중심이 이동한 것이다. 그들은 외적·내적 변화로 자기 일에서 더는 의미를 찾지 못하게 되었다.

직업에서 더는 성취감을 느끼지 못할 때 스스로 물어보자. 직업에서 내게 중요한 것은 무엇인가?

- 성공과 인정
- 의사소통과 사회적 관계
- 많은 일과 프로젝트
- 새로운 것에 대한 도전과 경쟁
- 개인적인 성장 가능성
- 노동의 대가

우리가 하는 일이 무게 중심에 맞지 않는다면 변화가 필요하다. 그렇다고 당장 퇴사 등 과격한 결정을 내려야 하는 건 아니다. 휴직, 업무 이동, 재교육, 그리고 직장 생활과 일상생활 간의 균형을 맞추기 등을 고려할 수 있다. 의미가 사라져 가고 있다고 느낀다면 다시 자신의 열정을 발견하라는 요구를 받는 것이다. 이 요구에 따라야만 삶의 위기가 주는 선물을 받을 수 있다.

LOVE MYSELF TIP

자신의 열정을 발견하라
자신의 열정을 다시 또는 완전히 새롭게 발견하는 것이 중요하다.

1. 자기 안의 불꽃을 발견하라
충분한 시간을 갖고 다음 질문에 답해 보자.

- 어떤 일을 할 때 시간 가는 줄 모르는가? 몇 시간째 화장실 가는 것도 잊을 정도여야 한다.
- 어릴 때 어떤 일을 항상 즐겨 했는가? 특히 일곱 살과 열다섯 살 사이를 떠올려 보라.
- 젊은 시절에 꿈꾸던 직업은 무엇인가?
- 한 번쯤 늘 해 보고 싶었던 일이 있는가? 위험 가능성은 배제한 채 대답해 보자.
- 무엇이 감동을 주는가? 기쁨의 눈물을 흘렸거나 전율을 느꼈던 순간들을 떠올려 보자.

- 어떤 일에 관해 온종일 말하거나 생각할 수 있는가?
- 어떤 주제에 관해 책을 쓰거나 영화를 찍고 싶은가?
- 싸워서 이길 가치가 있는 일은 무엇인가?

2. 남의 도움을 받아라

아직 만족스러운 대답을 얻지 못했다면 열정으로 빛나는 사람을 찾아보자. 이미 열정적으로 사는 사람과 어울리다 보면 종종 불길이 옮겨붙기도 한다. 열정을 찾을 때 도움이 되는 충고도 얻을 수 있다.

- 인생을 열정적으로 사는 사람을 만나 보자. 그가 어떻게 열정을 찾아냈는지 질문하고 살펴본다.
- 감동적인 인물을 다룬 자서전을 읽어 보거나 영화를 관람한다.
- 많은 사람이 공동 주제를 가지고 열광하는 단체나 모임에 가입한다.
- 무엇에 열광하는지 온라인 친구들에게 물어본다.

♥
LOVE MYSELF

6장

삶이 생각보다
달콤한 이유

>
> 완벽하지 않으면 어떤가요?
> 있는 그대로의 나를 아끼고 사랑해 주세요.

예기치 못한 행복의 순간

 최근 내 인생에서 가장 행복했던 순간에 관한 질문을 받았다. 여러 상황과 장면들이 머릿속을 스쳐 갔다. 처음 출간된 책을 받아 들면서 흘렸던 기쁨의 눈물이 떠올랐다. 16개월간의 통증 치료 후 병원에서 퇴원하던 날도 생각났다. 내면의 눈앞에 많은 순간이 영화처럼 차례로 지나갔다. 그중에서 가장 행복했던 순간을 고를 수가 없었다. 인생에서 아름다운 순간들이 아주 많았다고 답하려던 바로 그 순간, 갑자기 어느 장면이 하나 떠올랐다.
 몇 년 전, 집에서만 지낼 때의 내 모습이 보였다. 때는 성탄절과 새해 사이였다. 그해에는 어찌나 눈이 많이 왔던지 눈에 파묻힌 자동차를 꺼내지도 못할 정도였다. 처음에는 그런 상황에 화가 났다. 그러나 몇 시간 뒤에는 이런 날씨가 나를 위한 선물임을 깨달았다. 삶이 나와 함께하는 시간을 내게 선사하고자 했다고 확신한다. 나는 이 시간을 제대로 활용했다.

매일 아침, 깊은 눈밭 속을 거닐며 이런저런 생각을 했다. 그러고는 아침 식사를 즐겼다. 식사하고 차를 마시는 중간중간에 마음속에 떠오르는 생각들을 기록했다. 내 안에 귀를 기울이며, 소망과 동경에 대해 계속 질문했다. 이미 실현된 소망들도 되돌아보면서 감사해야 할 많은 것들을 떠올렸다. 오후에는 마음속 깊은 곳에서 일깨워지길 기다리는 이야기들도 생각해 보았다. 여러 장소와 직업을 거치면서 내 삶을 어떻게 꾸려 왔는지 그려 보았다. 때로 눈을 감고 깊은 상상 속에 머물다 보니 마치 꿈이 현실처럼 느껴질 정도였다.

그러던 어느 밤, 소망을 주제로 알록달록한 콜라주 작업을 마치고 나서 다시 벽난로 앞에 앉았을 때, 나는 놀라운 감정에 휩싸였다. 나도 모르게 자신을 껴안는 순간, 감사의 마음이 끓어올랐다. 내 삶에 대한 감사함이었다. 내가 나일 수 있어서, 바로 이 순간 여기 있을 수 있어서, 느끼고, 보고, 냄새 맡고, 움직이고 그저 존재할 수 있어서 감사했다. 내 몸 한가운데가 기분 좋게 따스해져 오면서, 인생의 어느 때보다 그 순간을 즐겼다. 저절로 미소가 번지면서 기쁨의 눈물이 흘렀다. 나는 온전히 나일 수 있었고, 나여서 행복했다.

당시에는 어떻게 이런 예기치 못한 행복의 순간에 이르렀는지 설명할 수가 없었다. 이제는 눈에 파묻혔던 그 날들이 꿀방울들을 발견할 기회를 주었다는 걸 안다. 나는 눈에 파묻힌 자동차를 파내는 대신, 내 안에 파고들어 가 멋진 보물을 만났다. 그 어떤 위기도 없이. 우리가 시간을 내어 내면에 귀 기울일 때, 감정에 환상의 나래를 달아 줄 때, 타인이 우리의 한계를 규정짓지 못하게 할 때, 자신과 다정한 대화를 나눌 때 삶의 선물은 저절로 주어진다. 당신 인생을 달콤하게 해 주는 것은 모두 이미 당신 안에 숨어 있다. 그것도 아주 많이. 그러니 놀랄 준비를 하자!

자기 인생과 사랑에 빠지는 법

"너도 패션은 모르는구나."

내 친구 마리나가 예리한 눈으로 내 옷차림을 훑어보며 말했다. 그러고는 몇 가지 스타일링 충고를 하려고 했다.

"나도 내 스타일이 있어."

나는 이렇게 방어했다.

"그래, 네 스타일이 있긴 하지. 벌써 10년째 같은 스타일인 게 문제야."

마리나도 맞받아쳤다. 그런데 이번에는 마리나의 말에 반박할 수가 없었다. 마리나 말이 옳았기 때문이다.

나는 주로 습관에 따라 옷을 입는 편이다. 내 옷장을 보면 이런 인식이 잘 드러난다. 옷장에는 내가 좋아하는 옷들도 있지만, 내 스타일과 맞지 않아서 전혀 손이 안 가는 옷들도 있다.

최근에 이런 일이 있었다. 옷장 속에서 몇 년째 입지 않은 옷을 발견했다. 갑자기 진한 초록색 옷이 내게 말을 걸어오는 것 같았다. 옷을 꺼내고 보니 내 생각이 맞았다. 정말 예쁜 옷이었다. 천은 부드럽고, 색상은 강렬하고, 하늘거리는 디자인이었다. 왜 그동안 이 옷을 입지 않았을까? 그 옷을 입고 무늬 있는 숄을 둘러 보았다. 거울을 보니 마치 새로 산 옷을 입은 것 같았다. 그 후로는 자주 이 옷을 꺼내 입는다. 그러다가 한동안 왜 이 옷을 입지 않았는지 이유가 궁금해졌다. 그 대답은 얼마 전에 실시한 주의력 훈련에서 얻게 되었다.

첫 수업에서부터 나는 매일 행하는 많은 일에 전혀 주의를 기울이지 않았다는 걸 깨달았다. 대부분의 일을 당연하게 생각하며 해냈다. 매일 아침 침대에서 나를 일으켜 주는 내 다리, 방으로 쏟아져 들어오는 햇살, 몸에 신선한 에너지를 돌게 하는 나의 호흡 등의 일을 말이다.

심리 상담을 하며 정신력을 강하게 만드는 훈련도 전문적으로 진행하고 있는 나는 당연히 모든 일을 의식적으로 하려고 노력하지만, 날마다 필터가 생기는 모양이다. 마치 필터의 작은 구멍으로 세상을 들여다보느라 아주 작은 조각만 눈에 들어오는 것 같다. 우리는 매일 수백만 가지의 인상을 접한다. 이 인상들을 모두 받아들일 수 없으니 우리가 선호하는 초점을 통해 인식을 제한하는 것이다. 그동안 진한 초록색 드레스는 내 초점 밖에 있어서 눈에 들어오지 않았다.

옷장의 예를 인생에 적용해 보면 우리 주변에는 지금까지 간과했던 수많은 선물이 있음을 알 수 있다. 주의력을 기울여 이 선물들을 풀어 보자. 이미 몇 년 전, 또는 몇십 년 전부터 우리 삶의 일부였던 물건, 사람, 상황을 다르고도 새롭게 인지할 수 있고, 더 많은 삶의 즐거움을 경험할 수 있다. 이제 주의력의 장점을 몇 가지 더 살펴보자.

- 주의력을 통해 수용과 평정심을 배우고, 자유로움을 느낄 수 있다.
- 주의력은 시각을 넓혀 준다. 오래된 문제들과 질문에 새로운 해결책과 해답을 제시한다.
- 주의력을 통해 어디에 초점을 맞춰야 하는지, 행동이나 신념이 내면에서 어떤 과정을 거치는지 의식할 수 있다.
- 자신을 새롭게 발견하고 내면에서 어떤 과정이 일어나는지 이해하게 된다.
- 충족되지 않은 욕구를 알게 되고, 이를 채울 수 있게 된다.

주의력 훈련을 하면 긍정적인 효과를 많이 얻을 수 있다. 그렇다면 주의력은 어떻게 획득할 수 있을까? 주의력 훈련의 목표는 편견 없이 관찰하는 것이다. 여기에는 자신도 포함된다. 한 사람의 감정과 생각과 상황을 어떠한 판단도 없이, 중립적인 관찰자로서 정확하게 관찰해야 한다. 바꾸고 싶은 충동을 억누른 채, 있는 그대로 보아야 한다.

주의력의 핵심을 이해하려면 영화 관람을 상상해 보면 된다. 안락의자에 등을 기댄 채 편안하게 영화를 감상한다. 이미 상영 중인 영화 내용은 내가 바꿀 수가 없다. 그냥 영화가 흘러가도록 내버려 둘 때, 생각과 감정과 상황 사이에 여지가 생겨난다. 이 여지에서 어떤 일을 달리 인식할 수 있는 새로운 시각이 나온다. 그러면 오래된 초록색 드레스, 오랜 시간을 함께한 배우자, 단조로운 직업, 따분한 집안일, 마음에 안 드는 머리 모양, 학창 시절 친구들과의 우정이 갑자기 완전히 새롭고 흥분되는 멋진 일로 다가오게 된다.

이 이론이 실제로 효과 있다는 사실을 나에게 상담을 받는 모니카가 최근에 확인시켜 주었다. 모니카는 몇 달째 배우자와의 문제로 힘들어했다. 안타깝게도 모니카는 상황을 변화시킬 방법을 한동안 찾지 못했다. 그러다가 남편이 외국으로 장기 출장을 가게 되었다. 두 달 뒤, 모니카는 출장을 마치고 돌아오는 남편을 공항에서 두 팔 벌려 맞이했다. 그때 모니카는 연애 시절 이후에 남편에게 주의를 기울인 적이 없었다는 걸 깨달았다.

"마음이 약간 설레긴 하더라고요."

모니카는 막 사랑에 빠진 사람처럼 미소까지 지으며 말했다. 약간의 거리를 두자 남편을 새로운 눈으로 바라보게 되었고, 다시 사랑에 빠진 것이다.

모니카처럼 우리도 오래되고 따분한 사랑을 긴장감 넘치는 새로운 사랑으로 바꿀 수 있다. 주의력을 통해 자기 인생과 다시 사랑에 빠질 수도 있다. 다시 한번 말하지만, 이때 바꾸고 싶은 충동을 억누르며 관찰자 역할을 하는 것이 핵심이다. 그래서 처음에는 약간의 훈련이 필요하다.

- 점심이나 저녁 식사 때 충분히 시간을 갖는다. 식사에 방해가 될 만한 건 모두 치우고 식사에만 집중한다. 음식의 냄새와 맛을 느끼면서 천천히 씹는다.
- 신중하게 산책을 한다. 다리가 움직이고 발바닥이 땅에 닿는 동작을 자세히 의식한다. 깊이 숨을 들이마시며 폐에 신선한 공기가 들어오는 걸 느낀다. 도

중에 한 번씩 멈춰 서서 호기심을 갖고 주변을 둘러본다.
- 5분간 긴장을 풀고 편안히 앉아서 마음속에 떠오르는 생각들을 받아들인다. 그러나 그 생각들로 마음이 어지러워지면 안 된다. 자신이 바꾸지 못하는 영화를 관람하듯 그냥 떠오르는 생각들을 지켜보기만 한다.
- 따뜻한 물로 샤워를 한다. 몸이 서서히 따뜻해져 오는 걸 느낀다. 다리, 배, 엉덩이, 가슴, 등, 팔, 손, 목 순서로 천천히 따뜻해져 오는 신체 부위를 느낀다.
- 사랑과 정성을 기울여 요리한다. 재료를 썰고, 젓고, 굽는 등 요리 단계마다 집중한다. 요리하는 동안 재료들이 어떻게 변하는지 주목하면서 냄새와 맛을 느껴 본다.
- 주의력 향상을 위해 명상을 한다.

LOVE MYSELF TIP

일상을 주의 깊게 바라보자
다음 연습은 더 많은 주의력을 기울일 수 있게 돕는다. 자주 반복할수록 사랑에 빠진 감정을 더 많이 경험하게 된다.

1. 외부 관찰자
스스로 자신의 인생을 관찰하는 외부 관찰자라고 생각해 본다. 연습으로 화장대나 옷장 앞에 선 나, 냉장고 정리를 하는 나 등 일상적인 행동을 하는 자신을 관찰해 보는 게 좋다. 나중에는 직장에서 일하거나 배우자와 맺는 관계에선 어떤지 관찰 범위를 확대해 보자.

관찰자의 업무는 자신과 상황을 아주 자세히 관찰하는 것이다. 이때 개선 방안을 제안하거나 비판해서는 안 된다.

- 일상에서 자신을 관찰하며 무엇이 떠오르는가?
- 이 상황을 중립적으로 바라보며 무엇을 느끼는가?

판단하려고 하지 말고 그냥 관찰만 해야 한다. 메모는 해도 좋다. 물론 온종일 관찰자 시점으로 살 수는 없다. 시점을 나에게서 관찰자로 바꾸려고 계속 노력하는 것만으로도 충분하다.

하루를 마무리하면서 의식적으로 관찰자 역할로 돌아가, 보고 느낀 것을 자신에게 보고한다. 이로써 새로운 발견은 물론, 부정적인 습관도 없앨 수 있다.

2. 가상 안경

사랑의 가상 안경을 쓰면 주변 사람들을 더 사랑스럽게 인식할 수 있다. 분노, 미움, 짜증 대신 사랑, 관심, 호의를 느끼게 된다.

- 날을 잡아서 그날 하루는 가상 안경을 쓴다.
- 아침에 침대에서 일어나기 전, 사랑의 눈으로 모든 것을 바라본다고 상상한다. 가상 안경을 쓰면 주변 사람들에게서 매력적이고 사랑스러운 점을 발견할 수 있다.
- 그날 만나는 모든 사람을 아주 자세히 관찰한다. 그 사람이 어떻게 말하고 움직이는지 살펴본다.
- 자신에게 질문해 보자. '그 사람이 가진 사랑스러운 점

은 무엇인가? 특별하거나 아름다운 점은 무엇인가? 나는 왜 그를 좋아하고, 소중히 여기고, 사랑하는가?'

- 별로 마음에 들지 않는 사람에게서도 좋은 점을 찾아본다. 상대방도 당신의 생각이 바뀐 걸 알아차려서 당신에 대한 태도를 바꿀지도 모른다.
- 저녁에는 가상 안경을 통해 깨달은 것을 되새긴다.
- 잠깐 시간을 내어 자신을 사랑의 눈으로 바라보면서 앞에서 했던 질문을 스스로 해 본다.

감사의 힘을 아는 사람

내가 배우자와 처음으로 감사를 주제로 대화했을 때, 그는 약간 불편하다는 듯 코를 찡그렸다. 감사라는 단어에서 겸손, 경외심, 은혜를 떠올렸기 때문이다. 시간이 지나면서 그런 생각을 하는 사람이 많다는 걸 깨달았다.

많은 사람이 감사를 의무적으로 한다. 이런 태도는 종종 어린 시절과 양육, 문화적 관습에서 기인한다. 어릴 때는 감사한 마음이 없어도 자주 감사하다고 말해야 했다. 기분 좋게 자발적으로 할 수 있는 감사 기도조차 강요당하면 괴로운 경험이 된다. 감사와 관련해 부정적인 경험이 있다면 빨리 털어 내는 게 좋다. 감사하는 삶의 태도는 의무나 겸손, 또는 종교와 상관없기 때문이다. 오히려 내적, 외적 풍요로움과 기쁨을 주는 원천이다.

자신의 삶에 만족하는 사람은 감사의 힘을 안다. 감사는 삶의 지표를 위로 끌어 올리는 힘이 있다. 동기와 생산성이 높아지고, 관계가 개선되며, 성공과 충만감으로 이끈다. 특히 감사의 기본인 충만감을 눈여겨보아야 한다. 감사할 줄 아는 사람은 충만감에 초점을 맞추기 때문이다. 그는 인생에서 이룬 모든 성공에 만족하며 초점의 대상으로 삼는다. 개인적인 능력은 물론, 주어진 상황과 재산도 포함된다.

감사할 줄 아는 사람은 이웃집의 장미 덤불을 보며 시기하지 않는다. 대신 자기 현관 앞에 핀 데이지를 보며 즐거워한다. 이런 태도는 장기적으로 상당히 좋은 효과를 가져온다. 생각은 전자기적 진동인 에너지에 불과하며, 생각이 진동을 일으키면서 반응이 나타난다. 그래서 감사의 반응은 친절과 성공, 행복과 같은 형태로 드러나게 된다.

이 원칙을 이해하는 데 도움이 되는 예가 있다. 마리

안네와 울라는 각자 꿈꾸던 멋진 집을 얻게 되었다. 마리안네는 무척 기뻐하며 떠들썩하게 집들이 파티를 열었다. 아침마다 잠에서 깨며 혼잣말을 했다.

"인생은 참 아름다워!"

반면 울라는 이사 생각에 이미 스트레스 상태였다. 몇몇 친구들이 일이 생겨서 이사하는 날에 도움을 주지 못하자 화가 났다. 울라는 우울하게 말했다.

"난 진짜 운이 없어!"

둘 중 당신은 어떤 사람이 되고 싶은가? 앞으로 어떤 삶을 살고 싶은가? 아마 마리안네의 삶을 택할 것이다. 마리안네가 긍정적인 마음가짐으로 인생에 항상 더 많은 충만감을 끌어내는 반면, 울라의 경우 태도를 바꾸지 않는 한 결핍은 더 늘어나게 된다.

감사의 효과는 이것만이 아니다. 캘리포니아 출신 심리학자 로버트 에몬스는 감사가 행복 지수를 25% 정도 높일 수 있다는 연구 결과를 내놓았다. 그렇다면 심한 스트레스와 가벼운 우울 증세에도 감사는 효과적인 '약'이 될 수 있다. 규칙적으로 감사하는 연습을 하면 며칠

만에도 효과를 얻을 수 있다.

- 더 낙관적으로 변한다.
- 생산성과 업무 능력이 높아진다.
- 긴장이 완화되면서 두통, 근육통 같은 신체 증상이 개선될 수 있다.
- 불안, 질투, 분노, 짜증 같은 감정들이 줄어든다(부정적인 감정은 긍정적인 감사의 감정과 동시에 존재하기 어렵다).
- 감사와 함께 주의력도 연습할 수 있다.
- 마음을 편치 않게 하는 불쾌한 비교가 줄어든다.
- 개인적인 성장에 긍정적인 영향을 준다.
- 삶의 즐거움이 눈에 띄게 증가한다.

감사의 효과는 아주 광범위하게 나타난다. 그러나 삶이 감사할 기회를 주지 않는다면 어떨까? 사실 이런 질문을 자주 접한다. 몇 년 전, 연애에 실패하면서 몇 주 동안 눈이 퉁퉁 붓도록 운 적이 있었다. 두통이 너무 심해서 침대에서만 지내던 때도 있었다. 불운이 연달아 일어났던 어느 겨울에는 자동차가 고장 난 데다가, 다리까지 부러진 일도 있었다. 정말 감사할 일이라고는 눈을 씻고 찾아보아도 없던 때였다. 바로 이런 순간이야말로 감사의 마음가짐이 가장 중요한 때다. 자세히 들여다보면 감사할 이유는 항상 있기 마련이다.

처음에는 힘든 상황에서 감사할 일을 찾는다는 게 쉽지만은 않다. 그러나 감사 연습은 체력 훈련과 비슷하다. 훈련이 거듭될수록 노력의 결과는 더 효과적으로 나타난다. 그러므로 감사의 선물인 충만감을 빨리 얻기 위해서는 당장 시작하는 게 좋다.

LOVE MYSELF TIP

감사도 연습이 필요하다

- 자신에게 감사한다. 교육과 집, 친구와 가족 등을 생각하며 자신의 삶과 이미 이룬 것들을 돌아보자. 자신의 능력, 지식, 성격을 통해 이룬 것들을 모두 적어 본다.
- 지금까지 당연하다고 여겼지만, 실은 감사해야 할 일을 3주 동안 매일 한 가지씩 찾아본다.
- 감사 일기를 적는다. 감사한 경험들을 일주일에 한 번씩 적어 본다.
- 어떤 일, 사람, 상황에 가장 감사하는지 각각 열 가지씩 생각해 본다. 그 이미지에 맞는 그림을 잡지에서 찾아 감사 콜라주 작업을 한다. 완성된 그림을 컴퓨터 모니터나 스마트폰 배경 화면으로 사용해도 좋다. 이 그림을 보며 매일 삶의 충만감을 떠올려 보자.

자유롭게 꿈꿀 때 일상이 특별해진다

"지금 보이는 건 모두 생각이 만든 모험의 결과란다."

수학여행으로 파리 디즈니랜드에 갔을 때 무대 장치에 넋을 잃고 감탄하던 우리에게 선생님이 하신 말씀이다. 나는 처음에는 이 말을 흘려들었다. 그런데 그날 밤 자기 전에 선생님의 말씀이 다시 떠올랐다. 그 말은 무슨 의미일까? 당시 나는 생각이 지닌 힘에 대해 아무것도 몰랐다. 하지만 디즈니랜드는 만들어지기 아주 오래 전에는 그저 누군가의 머리에 있던 아이디어였다는 의미 같았다. 이 인식은 지금까지도 내게 영향을 준다.

나는 이 세상에 만들어진 모든 것은 생각의 산물이라

고 확신한다. 여기에는 고정된 물질뿐만 아니라 다양한 삶의 상황과 모험, 그리고 우리 자신도 포함된다. 생각이 자유로워질수록 우리 현실은 더 혁신적이고 특별해진다. 그래서 우리에게는 환상과 자유롭게 꿈꾸는 기술이 필요하다.

자유롭게 꿈꾸려면 생각을 당장 실현하는 게 아니라 제대로 꿈꾸는 걸 다시 배우는 일이 중요하다. 제대로 꿈꾸는 법을 잊어버린 사람들이 많다. 구조적 문제, 주어진 직업 특성, 모든 일에 적용되는 포괄적인 해결책은 경직된 사고 체계를 강화하고, 우리 안에 잠재된 다양한 생각에서 시선을 거둔다. 따라서 이런 능력을 다시 의식하고 적극적으로 이용할 필요가 있다.

우리는 백일몽을 꾸어야 한다. 백일몽은 의지대로 조종해서 내면의 눈앞에 상영되는 영화와 그 장면들이다. 백일몽은 의식을 확장하지만, 문제점이나 어떤 여건이나 규정 같은 것은 통하지 않는다. 그래서 우리 뇌는 아무런 방해 없이 최대한 능력을 발휘하고, 때로는 독특한 아이디어, 새로운 방식, 독창적인 해결책에 이를 수 있다. 백일몽은 긴장 완화에도 도움이 된다. 명상을 하면서 꾸기도 한다. 가장 성공적이고 창의적인 사람은 백일몽을 꾸는 사람들이다. 모든 목표에는 마음을 앗아 가는 꿈이 필요하다. 꿈을 의식적으로 결정할 때 목표가 되는데, 이때 올바른 꿈을 목표로 만드는 게 중요하다. 여기서 '올바르다'라는 의미는 목표가 자신의 존재, 가치, 소망에 부합해야 한다는 뜻이다. 심리학에 따르면 삶에서 이런 목표를 지닌 사람은 평균인들보다 더 행복을 누린다고 한다.

인생에서 열정을 다해 추구할 목표가 있을 때 다음과 같은 효과가 나타난다.

- 삶이 즐거워지면서 지속적으로 행복 호르몬을 만들어 낸다.
- 목표는 행동으로 이끈다. 서너 시간을 텔레비전 앞에서 빈둥거리는 대신, 다른 활동을 하게 만든다. 이때 뇌가 자극을 받아 성취력이 높아진다. 게으름이 사람을 축 처지게 만든다면, 활동은 에너지를 준다.

- 목표는 성취감을 준다. 우리는 더 의식적으로 자기 결정권을 갖고 자유롭게 행동한다.
- 자신에 대한 만족도가 높아진다. 스스로 노력하고, 애쓰고, 성장함으로써 자존감도 높아진다.
- 건전한 자존감은 긍정적인 관계를 이끌어 낸다.
- 목표는 의미를 부여한다. 열성, 관심, 기쁨으로 하루를 시작하게 해 준다.
- 스스로 결정한 긍정적인 변화는 상응하는 목표를 세울 때만 가능하다.

올바른 목표와 그릇된 목표를 구분하면서 자유롭게 꿈꾸는 법을 다시 배워야만 기쁨과 활기를 주는 목표를 가질 수 있다.

1. 올바른 목표

목표가 인생을 정말 풍요롭게 해 주고 내면을 충만하게 하는지 알려면 눈을 감고 목표를 달성했다고 생각해 보면 된다. 이때 몸이 간질거리거나, 기분 좋게 따뜻해지거나, 미소가 떠오르는 등 신체적인 반응과 함께 긍정적인 감정이 느껴진다면 자신에게 올바른 목표일 가능성이 크다.

반대로 남이 부여했거나 이성적으로만 세운 목표일 경우, 신체 반응이 아예 없거나 오히려 불쾌한 감정이 일어난다. 자신의 정서적, 신체적 반응을 더 잘 평가하려면 여러 목표와 꿈들을 서로 비교해 보는 게 좋다.

2. 자유롭게 꿈꾸는 기술

이런 비교를 시작하려면 우선 꿈이 많이 필요하다. 자유롭게 꿈꾸려면 내면에 떠오르는 장면을 모두 현실로 만들 필요는 없다. 그보다는 자기 안에서 일깨워지기만을 기다리는 창의적인 잠재력이 얼마나 많은지를 먼저 느껴야 한다. 백일몽은 행복감을 일깨우고, 긴장을 완화하며, 자신에 대한 신뢰감을 높인다.

LOVE MYSELF TIP

자유롭게 꿈꿔라

자유로운 꿈꾸는 기술이 필요한 때는 환상이 나래를 펴지 못하는 경우다. 이 활동은 여유가 필요하므로 다른 연습처럼 급하게 해치울 수 없다. 개인 성향에 따라 영역마다 한두 시간 정도 필요하다.

자유롭게 꿈꾸는 기술을 규칙적으로 실시할 때 특정 장면이 고착되면서 잊히지 않는다. 이런 아이디어와 꿈은 끌어당기는 힘이 강해서 실현될 수 있고, 자신의 꿈을 목표로 만드는 것도 가능하다. 자신의 꿈을 잡자!

1. 원하는 직업을 꿈꾸어라

직업에서 시작해 보자. 자신의 직업에 만족하거나, 또는 현재 교육을 받고 있어도 상관없다. 우선 의식을 다시 확장하는 게 중요하다. 자영업자든 주부든 직장인이든 하루 대부분을 일하며 보내는 사람에게 아주 적절한 영역이다.

이제 꿈꾸고 싶은 직업이나 활동을 서너 가지 고른다. 급하게 결정하지 말고 한 가지 직업으로 시작했다가 나중에 더 추가해도 된다. 반드시 현실적인 직업일 필요는 없다. 온종일 따뜻한 바닷가에서 수영을 하며 일광욕하는 모습을 상상해도 좋다.

- 눈을 감고 호흡에 집중한다. 원한다면 음악을 틀어도 된다. 긴장 완화에 도움이 된다면 무엇이든 상관없다.
- 이제 첫 번째 직업을 상상해 본다. 이 직업을 가졌을 때 일상이 어떨지 단계별로 경험해 본다.
- 마음껏 내면의 상상을 펼친다. 이때 이성이나 학습된 규정 같은 건 잊어버린다. 예를 들어 항공기 승무원을 직업으로 상상하는 경우, 상식적인 수준을 따를 필요는 없다. 승객들에게 여행과 관련한 조언을 하고, 멋진 사진을 찍는 법을 알려 주고, 여행 동호회를 만들 수도 있다. 마음껏 상상의 나래를 펴 보자.
- 그 꿈이 즐거움을 준다면 오랫동안 상상에 머무른다.

2. 완벽한 시간을 꿈꾸어라
다시 긴장을 푼 뒤, 환상의 나래를 펴 보자.

- 완벽한 하루를 꿈꾼다. 언제 기상하는가? 누구를 만나는가? 무엇을 경험하는가? 무엇을 먹는가? 어떤 놀라운 일들이 나를 기분 좋게 해 주는가?
- 완벽한 휴가를 꿈꾼다. 여행지는 어디인가? 누구와 함께 가는가? 휴가를 어떻게 보내는가? 어떤 모험을 경험하는가? 인상적이거나 열광한 일은 무엇인가?
- 완벽한 한 주나 완벽한 한 해를 꿈꾼다. 특히 절정의 순간에 주목해 본다. 이때 어떤 멋진 일이 일어나는가? 어떤 성공을 거두는가? 무엇을 경험하는가? 어떤 흥미로운 사람들을 새로 알게 되는가? 스스로 어떻게 변화하는가?

3. 자신을 새롭게 꿈꾸어라

이 영역은 직업과 경험을 뛰어넘어 자신을 새롭게 발견하게 해 준다. 자신의 성격, 능력, 인생관은 고정되어 있지 않다. 꿈에서도 현실에서도 우리는 언제든 변할 수 있다. 그러니 자신을 새롭게 꿈꾸어 보자. 예를 들어 지금보다 훨씬 더 자의식이 강하고, 주변 사람들의 생각을 읽을 수 있고, 생각과 말로 수많은 사람에게 감동을 주는 자신을 상상해 보자.

4. 자유롭게 꿈꾸어라

자유롭다는 것만으로는 부족하다. 자유롭게 꿈을 꾸어야 한다! 이 책을 주의 깊게 읽고 위의 세 영역을 모두 시도해 보았다면, 이제 어떤 조건이나 제한 없이 자유롭게 꿈꿀 수 있다.

· 에필로그 ·

나를 기억해 주세요!

"도와줘요."

당신이 이 책을 덮고 책꽂이에 꽂으려는 순간, 이 책이 이렇게 외칩니다.

"나는 책꽂이에 꽂히려고 만들어진 게 아니에요. 내게는 다른 삶의 과제가 있다고요."

이 책은 계속 주장합니다.

"당신이 나를 간직했으면 좋겠어요. 가방 안에 말고 머릿속에 말이에요. 침대 옆이나 책상에 나를 위한 자리가 있겠지요? 그러면 위기가 찾아오거나 다시 문제가 발생할 때 얼른 나를 집어 들 수 있잖아요. 어떤 상황에서도 유용한 참고서로 말이죠. 앞으로 당신이 내게 시간을 조금 투자한다면 우리는 많은 걸 함께 해낼 수 있어요. 당신이 지닌 꿈의 일부를 현실이 되게 하고, 규칙적으로 꿀방울을 만들어 내기 위해서는 긍정적으로 생각하는 연습만으로 충분해요."

마지막으로 여러분에게 이런 말로 감사를 전합니다.

"당신은 세상을 위한 소중한 선물입니다."
"꿈을 실현하기 위한 모든 것이 당신 안에 있습니다."
"당신은 행복하고 충만한 삶을 이끌고 조건 없이 사랑받을 자격이 있습니다."
"당신이 지닌 능력, 당신이라는 존재의 아름다운 본질, 그리고 당신을 믿습니다."

마음을 다하여,
당신의 멜라니가.

• 감사의 말 •

 이 책을 낼 수 있도록 보이지 않는 곳에서 많은 도움을 준 분들에게 진심으로 감사의 말을 전한다.
 "성공을 거둔 여성 작가 뒤에는 식기 세척기를 정리하는 남편이 있다."
 이 말은 나의 배우자인 마틴이 한 표현이다. 나는 이 말에 동의한다. 내가 이 책을 쓰는 동안 마틴은 식기 세척기뿐만 아니라 다른 수많은 집안일까지 도맡아 함으로써 내게 자유를 선사했다.
 "마틴, 내 꿈을 지지해 줘서 진심으로 고마워요."

내 막역한 친구인 가비 뮐러에게도 고마움을 전한다. 가비는 3년 전쯤, 내가 아직 블로그나 디지털 시스템에 익숙하지 않았을 때 내 블로그(honigperlen.at)를 만들어 주었다. 글쓰기라는 나의 대단한 열정을 다시 일깨워 준 아주 멋진 선물이었다. 사백만 명에 달하는 방문자 수는 이 블로그가 내게는 물론이고, 수많은 독자에게도 선물이란 걸 말해 준다.

"가비, 네가 있어서 정말 고마워!"

내 동료이자 친구인 가브리엘레 핀크에게도 특별히 감사하고 싶다. 가브리엘레는 내 원고를 가장 먼저 읽고 편집도 맡아 주었다. 가브리엘레에게는 오래전부터 하고 싶었던 말이 있다.

"가브리엘레, 넌 원하는 건 뭐든지 할 수 있어. 특히 글쓰기에서는!"

나의 오랜 친구인 울리케와 이베테에게도 고마움을 전한다. 우리가 함께 경험한 많은 이야기를 이 책에 담을 수 있었다. 이 책을 출간한 페트라 브라다취는 진심으로 나를 배려해 주었고, 안겔리카 홀다우 편집자도 정말 많은 수고를 해 주었다. 물론 독자 여러분에게도 진심 어린 감사의 말을 전한다.